CUILLÈRES, VERRINES, PETITES BOUCHÉES

Édition du Club France Loisirs,
avec l'autorisation des Éditions Minerva

www.benoitmolin.com

contact@benoitmolin.com

Éditions France Loisirs
123, boulevard de Grenelle
75015 Paris
www.france-loisirs.com

ISBN : 978-2-298-01179-1
N° éditeur : 54664
Dépôt légal : mai 2008

Benoît Molin

Cuillères, verrines, petites bouchées

Éditions France Loisirs

Avant-propos

Dans cet ouvrage, vous allez découvrir le plaisir de présenter vos plats autrement... Avec les 66 recettes que j'ai spécialement sélectionnées pour vous, oubliez les sempiternels couteaux et fourchettes pour partir à la rencontre d'une mode nouvelle... Vous allez renouveler et égayer la présentation de vos apéritifs, de vos entrées et de vos desserts.

Des cuillères gourmandes et appétissantes, des verrines tout en transparence et en reflets, des petites bouchées salées ou sucrées à picorer en toute liberté...

Voici donc venu le temps d'une ère nouvelle pour vos buffets et vos apéritifs qui ne laisseront pas de surprendre vos invités !

À vous les cannelés aux herbes et à l'ail, les huîtres au champagne, la crème brûlée au pain d'épices et dattes citronnées...

Recettes originales ou « classiques » revisités, tout est dans la présentation pour un « effet épat' » garanti !

Benoît Molin

Sommaire

À l'heure de l'apéritif

Les mises en bouche (salées)

Les mignardises (sucrées)

À l'heure de l'apéritif

Roulés de canard aux pruneaux

Pour 4 personnes (8 roulés)

Préparation : 20 minutes

Cuisson : 10 minutes

- 8 aiguillettes de canard
- 6 pruneaux d'Agen
- 1/2 pomme (type granny-smith)
- 1 Carré frais
- 1 cuillerée à soupe de vinaigre de cidre
- 4 cuillerées à soupe d'huile d'olive
- sel, poivre du moulin
- piques

Dénoyautez les pruneaux. Épluchez la demi-pomme et retirez-en le cœur et les pépins.

Coupez la demi-pomme et les pruneaux en tout petits morceaux.

Dans une poêle antiadhésive, faites chauffer 2 cuillerées à soupe d'huile d'olive et faites-y cuire les morceaux de pomme et de pruneaux 4 à 5 minutes à feu moyen. Déglacez avec le vinaigre de cidre et laissez refroidir dans un saladier.

Ajoutez le Carré frais écrasé et mélangez.

Sur le plan de travail, aplatissez bien les aiguillettes de canard avec la lame d'un gros couteau. Salez et poivrez. Au centre de chaque aiguillette, déposez 1 cuillerée à soupe du mélange des fruits et du Carré frais et enroulez les aiguillettes sur elles-mêmes. Maintenez-les à l'aide des piques.

Dans une poêle antiadhésive, faites chauffer le reste d'huile d'olive et faites-y dorer les roulés 5 minutes à feu doux en les retournant régulièrement afin qu'ils dorent bien sur toutes les faces. Servez aussitôt.

Communard

Pour 1 verre

Préparation : 2 minutes

- 10 cl de bordeaux rouge frais (5 cuillerées à soupe)
- 1 cuillerée à café de crème de cassis

Dans un verre, versez la crème de cassis et complétez avec le vin rouge. Mélangez et servez aussitôt.

Sablés au parmesan

Pour 4 personnes
(30 sablés environ)

Préparation : 25 minutes

Repos : 30 minutes

Cuisson : 10 minutes

- 40 g de parmesan fraîchement râpé
- 80 g d'amandes en poudre
- 1 œuf
- 1 pincée de noix de muscade râpée
- 2 pincées de piment de Cayenne moulu
- 180 g de farine
- 160 g de beurre ramolli
- sel, poivre du moulin

Dans un saladier, mélangez le beurre, la farine, les amandes en poudre, le parmesan râpé, la muscade, le piment de Cayenne, 1 pincée de sel et 1 tour de moulin à poivre. Travaillez cette pâte jusqu'à l'obtention d'une consistance homogène.

Ajoutez l'œuf, mélangez et formez 1 boule à partir de cette pâte. Façonnez-la en 2 rouleaux de 5 centimètres de diamètre environ, recouvrez-les de film alimentaire et laissez-les reposer 30 minutes environ au réfrigérateur.

Sortez la plaque du four et préchauffez-le à 150 °C (th. 5).

Découpez les rouleaux de pâte en rondelles de 1/2 centimètres d'épaisseur environ. Au fur et à mesure, déposez-les sur la plaque du four recouverte de papier sulfurisé.
Enfournez la plaque et laissez cuire les sablés 10 minutes. Laissez-les refroidir et servez-les.

Vous pouvez conserver ces sablés 10 jours dans une boîte hermétique. Servez-les accompagnés de pistou (voir recette p. 156).

Carla C.

Pour 1 verre

Préparation : 5 minutes

- 6 cl de Cinzano bianco (3 cuillerées à soupe)
- 1 cl de crème de cassis (1/2 cuillerée à soupe)
- 4 cl d'eau gazeuse (2 cuillerées à soupe)
- 1 petite grappe de cassis (pour le décor)
- 1 cuillerée à soupe de sucre semoule (pour le décor)
- 3 glaçons
- 1 pique (pour le décor)

Versez le Cinzano, la crème de cassis et l'eau gazeuse dans un verre à cocktail. Ajoutez les glaçons et mélangez bien le tout.

Piquez la grappe de cassis, préalablement roulée dans le sucre, sur la pique, décorez-en le verre et servez aussitôt.

Samosas

Pour 4 personnes (40 samosas environ)

Préparation : 40 minutes

Cuisson : 25 minutes

10 feuilles de brik

400 g de viande hachée (agneau, bœuf, porc ou poulet)

1 oignon émincé

2 gousses d'ail émincées

20 g de gingembre pelé râpé

1 cuillerée à café de curry en poudre

2 brins de coriandre ciselée

Le jus de 1/2 citron

15 cl de bouillon de bœuf

2 cuillerées à soupe d'huile de noix

50 cl d'huile d'arachide

sel

Délayez le curry dans le jus de citron.

Faites chauffer l'huile de noix dans une poêle. Faites-y revenir l'oignon 5 minutes à feu doux. Ajoutez l'ail, le gingembre, le curry dilué, la viande et 1 pincée de sel, puis faites revenir le tout 4 minutes à feu doux. Versez le bouillon, couvrez et laissez mijoter 10 minutes. Continuez la cuisson à découvert jusqu'à évaporation complète du liquide. Parsemez de coriandre et laissez refroidir.

Découpez les feuilles de brik en rectangles de 20 centimètres de longueur sur 7 centimètres de largeur environ.

Déposez 1 cuillerée à soupe de farce près du bord droit d'un rectangle de brik. Badigeonnez d'un peu d'eau le tour du rectangle et repliez la feuille 2 fois en diagonale afin d'obtenir 1 triangle bien fermé. Rabattez bien les bords et renouvelez l'opération avec le reste des rectangles de brik. Recouvrez les samosas d'un linge humide.

Faites chauffer l'huile d'arachide à 170 °C dans une poêle. Déposez-y 3 samosas et laissez-les dorer 5 minutes de chaque côté. Renouvelez l'opération avec le reste des samosas et égouttez-les sur du papier absorbant.

Laissez-les tiédir et servez-les accompagnés de sauce aigre-douce (voir recette p. 156).

Colada

Pour 1 verre

Préparation : 5 minutes

12 cl de jus d'ananas

4 cl de lait de coco (2 cuillerées à soupe)

1/2 tranche d'ananas (pour le décor)

2 glaçons

Dans le bol d'un mixeur, versez le jus d'ananas et le lait de coco, puis ajoutez les glaçons. Mixez et versez dans un verre. Décorez avec la tranche d'ananas et servez aussitôt.

Tortilla courgettes-chorizo

Faites chauffer 20 grammes de beurre et l'huile dans une poêle et faites-y revenir les courgettes 10 minutes à feu doux. Elles ne doivent plus rendre d'eau. Salez, poivrez et égouttez les courgettes.

Cassez les œufs dans un saladier. Ajoutez 1 pincée de sel et 1 tour de moulin à poivre, puis battez les œufs en omelette à la fourchette. Ajoutez le paprika et mélangez.

Faites chauffer le reste de beurre dans une sauteuse anti-adhésive, versez-y les œufs battus et répartissez-y aussitôt les courgettes et les rondelles de chorizo. Parsemez de ciboulette, couvrez et laissez prendre les œufs 10 minutes à feu moyen.

Glissez la tortilla sur une assiette, retournez celle-ci sur une autre assiette et remettez la tortilla dans la sauteuse sur l'autre face 8 minutes à feu doux.

Servez aussitôt la tortilla coupée en petits carrés.

Pour 4 personnes

Préparation : 10 minutes

Cuisson : 28 minutes

100 g de chorizo courbé coupé en fines rondelles

2 courgettes coupées en rondelles

6 œufs

1 pincée de paprika doux en poudre

5 brins de ciboulette ciselée

40 g de beurre

1 cuillerée à soupe d'huile d'arachide

sel, poivre du moulin

piques

Sangria classique

Lavez les oranges et les citrons. Coupez-les en fines rondelles et déposez-les dans un grand saladier.

Ajoutez le sucre, le Grand Marnier et le cognac, puis laissez macérer le tout 2 heures au réfrigérateur.

Lavez les fruits de saison et coupez-les en morceaux.

Au moment de servir, versez le vin dans une coupe à sangria, ajoutez les agrumes macérés dans l'alcool et les fruits de saison.

Mélangez et servez aussitôt.

Pour 4 verres

Préparation : 20 minutes

Repos : 2 heures

1 bouteille de vin rouge (75 cl)

10 cl de cognac

10 cl de liqueur de Grand Marnier

250 g de fruits selon la saison (pêches, abricots, fraises, pommes, poires...)

2 citrons (non traités, si possible)

2 oranges (non traitées, si possible)

100 g de sucre de canne

Petits farcis provençaux

Pour 4 personnes (12 farcis)

Préparation : 1 heure

Cuisson : 30 minutes

4 petites tomates

4 petits oignons

4 pommes de terre (type grenaille)

100 g de chapelure

La farce

400 g de veau haché

2 tomates pelées, épépinées et hachées

100 g de mie de pain

2 jaunes d'œufs

1 oignon

2 gousses d'ail

1 pincée de cannelle en poudre

2 brins de persil plat

2 tiges de basilic

20 cl de lait

3 cuillerées à soupe d'huile d'olive

sel, poivre du moulin

Coupez un chapeau aux tomates, réservez-les et évidez les tomates. Salez l'intérieur de celles-ci, retournez-les sur une passoire et laissez-les dégorger 30 minutes.

Épluchez les pommes de terre et les oignons, coupez-leur un chapeau, réservez-les et évidez les légumes en conservant leur chair. Coupez une petite lamelle en dessous afin qu'ils tiennent debout. Hachez leur chair et réservez-la.

Préparez la farce : faites tremper la mie de pain 5 minutes dans le lait et égouttez-la. Hachez finement l'oignon, l'ail, le persil et le basilic.

Faites chauffer 1 cuillerée à soupe d'huile d'olive dans une poêle. Ajoutez les tomates hachées et la chair des pommes de terre et des oignons évidés. Laissez dorer 5 minutes à feu doux, ajoutez la mie de pain et le veau, puis laissez cuire encore 5 minutes.

Retirez du feu, salez, poivrez, puis ajoutez la cannelle, les jaunes d'œufs, l'oignon, l'ail et les herbes hachées. Mélangez bien cette farce.

Préchauffez le four à 180 °C (th. 6).

Farcissez les légumes, déposez-les dans un plat à gratin huilé et ajoutez 20 centilitres d'eau. Saupoudrez les farcis de chapelure, remettez les chapeaux et laissez-les cuire 20 minutes.

Vous pouvez également farcir des figues fraîches ou des courgettes « rondes de Nice » que vous ferez rôtir 15 minutes au four.

Saint-Raphaël

Tacos au jambon

Pour 4 personnes
(12 tacos environ)

Préparation : 35 minutes

Cuisson : 10 minutes

- 12 coquilles pour tacos (ou voir recette p. 156)
- 250 g de fines tranches de jambon blanc
- 60 g de cheddar râpé (ou de cantal jeune)
- 2 tomates
- 5 feuilles de laitue
- 1/2 oignon
- 1 cuillerée à soupe de concentré de tomate
- 2 gouttes de Tabasco®
- 1 cuillerée à soupe d'huile d'arachide
- sel, poivre du moulin

Épluchez et hachez l'oignon, épépinez les tomates et concassez-les, coupez le jambon en petits morceaux.

Faites chauffer l'huile dans une poêle antiadhésive. Faites-y dorer l'oignon 5 minutes à feu doux et ajoutez dans l'ordre le jambon, le concentré de tomate, le Tabasco, 3 cuillerées à soupe d'eau, 1 pincée de sel et 1 tour de moulin à poivre. Laissez réduire 10 minutes à feu doux en mélangeant.

Préchauffez le four à 180 °C (th. 6).

Mélangez la laitue ciselée, les tomates et le cheddar râpé. Étalez cette préparation dans les coquilles pour tacos, ajoutez la préparation à base de jambon et roulez les tacos sur eux-mêmes.

Déposez-les dans un plat allant au four, enfournez-le et laissez cuire les tacos 5 minutes. Servez aussitôt les tacos accompagnés de sauce rouge épicée (voir recette p. 157).

Margarita

Pour 1 verre

Préparation : 15 minutes

- 4 cl de tequila (2 cuillerées à soupe)
- 2 cl de liqueur de Grand Marnier (1 cuillerée à soupe)
- 1 citron vert
- sel

Coupez le citron vert en 2 et pressez-en une moitié. Prélevez une rondelle de l'autre moitié et réservez-la pour le décor. Humectez le pourtour du verre en le frottant de citron vert, passez-le dans le sel et éliminez le surplus.

Versez la tequila, la liqueur de Grand Marnier et le jus de citron dans un shaker. Agitez, filtrez dans le verre et décorez de la rondelle de citron vert. Servez aussitôt.

Vous pouvez réaliser une « frozen margarita » en mixant la tequila, la liqueur de Grand Marnier, le jus de citron et 3 cuillerées à soupe de glace pilée.

Cannelés à l'ail et aux herbes

Pour 4 personnes (8 cannelés)

Préparation : 30 minutes

Repos : 1 heure

Cuisson : 1 heurre

4 œufs

2 gousses d'ail finement écrasées

1 brin de persil plat haché

3 brins de ciboulette hachée

100 g de farine

50 cl de lait

150 g de beurre

sel

Préparez un beurre d'ail : faites ramollir 100 grammes de beurre et versez-le dans un saladier. Ajoutez l'ail, le persil et la ciboulette et fouettez le tout jusqu'à l'obtention d'un mélange homogène.

Versez le lait dans une casserole, ajoutez le beurre d'ail et portez à ébullition.

Dans un saladier, mélangez la farine, les œufs et 2 pincées de sel, puis ajoutez le lait à l'ail bouillant. Mélangez doucement afin d'obtenir une pâte fluide. Laissez refroidir, puis réservez 1 heure au réfrigérateur.

Sortez la plaque du four et préchauffez-le à 210 °C (th. 7).

Beurrez très généreusement 8 moules à cannelés. Versez-y la pâte à mi-hauteur et déposez les cannelés sur la plaque du four. Enfournez-la et laissez cuire les cannelés 5 minutes.

Baissez la température du four à 150 °C (th. 5) et laissez-les cuire encore 1 heure. Ils doivent avoir une croûte très brune et un intérieur bien moelleux. Démoulez-les encore chaud et servez-les aussitôt.

Lillet margarita

Pour 1 verre

Préparation : 5 minutes

6 cl de Lillet blanc (3 cuillerées à soupe)

le jus de 1/2 citron vert

1 cuillerée à café de sirop de canne blanc

le zeste de 1 citron vert (pour le décor)

1 tige de menthe (pour le décor)

2 glaçons

Dans un shaker, versez le Lillet, le jus de citron vert et le sirop de canne. Ajoutez les glaçons, agitez et filtrez dans un verre à cocktail. Décorez de menthe et du zeste de citron vert. Servez aussitôt.

Boulettes d'anchois

Pour 4 personnes (20 boulettes environ)

Préparation : 30 minutes

Cuisson : 5 minutes

Ustensiles à prévoir : piques

- 150 g d'anchois roulés aux olives
- 150 g de gruyère râpé
- 4 œufs
- 1 pincée de piment de Cayenne
- 150 g de farine
- 50 g de beurre
- 50 cl d'huile de friture
- sel

Déposez le beurre et 1 pincée de sel dans une casserole. Ajoutez 25 centilitres d'eau et portez à ébullition. Versez la farine d'un seul coup et remuez vivement à l'aide d'une spatule jusqu'à ce que la pâte se détache des parois. Retirez du feu et incorporez les œufs un par un. Incorporez ensuite le gruyère râpé et le piment de Cayenne. Mélangez bien cette pâte.

Faites chauffer l'huile de friture à 150 °C.

Piquez les anchois sur les piques, trempez-les dans la pâte, puis plongez-les dans l'huile chaude. Dès que les anchois commencent à gonfler, augmentez la température de l'huile à 170 °C environ et laissez dorer les boulettes 3 minutes.

Égouttez-les sur du papier absorbant et servez-les aussitôt accompagnées de sauce au yaourt et au citron (voir recette p. 157).

Vous pouvez aussi utiliser des anchois roulés aux câpres.

Bloody Mary

Pour 1 verre

Préparation : 5 minutes

- 4 cl de vodka (2 cuillerées à soupe)
- 8 cl de jus de tomate (4 cuillerées à soupe)
- 1 trait de Tabasco
- 1 trait de Worcestershire sauce
- sel de céleri
- 1 feuille de céleri (pour le décor)
- 1/4 de branche de céleri (pour le décor)
- 3 glaçons

Versez la vodka, le jus de tomate, le Tabasco et la Worcestershire sauce dans un verre. Ajoutez les glaçons et 1 pincée de sel de céleri, puis remuez avec une longue cuillère.

Décorez avec la branche et la feuille de céleri et servez aussitôt.

Pissaladière

Pour 4 personnes

Préparation : 15 minutes

Cuisson : 45 minutes

- 4 oignons émincés
- 250 g de pâte à pain (voir recette p. 156)
- 15 filets d'anchois à l'huile
- 12 olives niçoises
- 50 g de parmesan râpé
- 1 branche de thym
- 50 cl de vin blanc sec
- 1 cuillerée à soupe de vinaigre balsamique
- 2 cuillerées à soupe d'huile d'olive extra-vierge
- 2 cuillerées à soupe de sucre semoule

Faites chauffer l'huile d'olive dans une poêle antiadhésive, ajoutez le thym et les oignons, puis laissez-les colorer 5 minutes à feu doux. Ajoutez le vin blanc, le vinaigre balsamique et le sucre, puis laissez compoter 20 minutes à feu doux.

Sortez la plaque du four et préchauffez-le à 210 °C (th. 7).

Sur la plaque du four recouverte de papier sulfurisé, étalez la pâte à pain en rectangle sur une hauteur de 1 centimètre environ et recouvrez-la d'une autre plaque afin de l'empêcher de gonfler. Enfournez-la et laissez cuire 15 minutes. Retirez la plaque et recouvrez la pâte d'une fine couche d'oignons. Ajoutez les anchois et le parmesan.

Faites gratiner la pissaladière 3 minutes sous le gril et parsemez-la d'olives. Coupez-la en carrés et servez.

Pissaladière au caviar d'aubergine

Pour 4 personnes

Préparation : 20 minutes

Cuisson : 1 heure

- 4 aubergines
- 250 g de pâte à pain (voir recette p. 156)
- 15 filets d'anchois à l'huile
- 12 olives niçoises
- 50 g de parmesan râpé
- 1 gousse d'ail finement hachée
- 1 pincée de cumin en poudre
- 1 pincée de piment d'Espelette
- 10 cl d'huile d'olive extra-vierge
- sel

Préchauffez le four à 180 °C (th. 6). Lavez les aubergines et coupez-les en 2 dans le sens de la longueur. Déposez-les dans un plat allant au four, côté chair sur le dessus, enfournez-les et laissez-les cuire 40 minutes. Récupérez leur pulpe à l'aide d'une cuillère et mixez-la avec l'ail, l'huile d'olive, le cumin, le piment d'Espelette et 1 pincée de sel.

Étalez cette préparation sur la pâte à pain précuite (voir recette ci-dessus), ajoutez les anchois et le parmesan. Faites gratiner la pissaladière 3 minutes sous le gril et parsemez-la d'olives. Coupez-la en carrés et servez.

Pastis

Sandwichs coppa-ricotta

Pour 4 personnes

Préparation : 25 minutes

Cuisson : 5 minutes

150 g de fines tranches de coppa

120 g de ricotta

8 tranches de pain de mie complet

1 tomate coupée en rondelles

2 cuillerées à soupe de moutarde à l'ancienne

- Sortez la plaque du four et préchauffez le gril (vous pouvez aussi utiliser un appareil à croque-monsieur).

- Tartinez 4 tranches de pain d'1 couche de moutarde à l'ancienne, puis recouvrez-la d'1 couche de ricotta, d'1 rondelle de tomate et d'une tranche de coppa.

- Tartinez les autres tranches de pain de ricotta et recouvrez-en les tranches de pain déjà garnies, face non tartinée sur le dessus.

- Déposez ces sandwichs sur la plaque du four recouverte de papier sulfurisé et faites-les griller 4 minutes environ, puis retirez la croûte des sandwichs à l'aide d'un couteau tranchant.

- Coupez chaque sandwich en 4 morceaux et servez aussitôt.

Vous pouvez remplacer la ricotta par de la béchamel à la mozzarella. Pour la réaliser, ajoutez des dés de mozzarella et 1 pincée de noix de muscade à de la béchamel encore chaude et mélangez bien.

Americano

Pour 1 verre

Préparation : 5 minutes

6 cl de Campari (3 cuillerées à soupe)

2 cl de vermouth rouge (1 cuillerée à soupe)

8 cl d'eau gazeuse fraîche (4 cuillerées à soupe)

1 rondelle d'orange (pour le décor)

2 glaçons

- Déposez les glaçons dans un grand verre. Versez le Campari, le vermouth, puis l'eau gazeuse.

- Décorez de la rondelle d'orange et servez aussitôt.

Fagots d'asperges au jambon

Pour 4 personnes (8 fagots)

Préparation : 35 minutes

Cuisson : 5 minutes

24 petites asperges vertes cuites (fraîches ou en bocaux)

4 tranches fines de jambon de Bayonne

1/2 concombre

1 yaourt à la grecque

1 gousse d'ail hachée

3 tiges de menthe hachée

le jus de 1 citron

3 cuillerées à soupe de crème fraîche épaisse

sel, poivre du moulin

Épluchez et égrainez le concombre, puis taillez-le en petits dés. Dans une passoire, saupoudrez-les de sel et laissez-les dégorger 15 minutes. Épongez-les soigneusement avec du papier absorbant.

Versez la crème fraîche et le yaourt dans un saladier, ajoutez le jus de citron, la menthe et l'ail. Salez, poivrez et mélangez bien.

Dans un récipient creux, mélangez cette crème et les dés de concombre. Réservez cette sauce au réfrigérateur.

Préchauffez le four à 180 °C (th. 6).

Coupez les tranches de jambon en 2 dans le sens de la longueur. Confectionnez des petits fagots de 3 asperges et enroulez chacun d'eux dans 1/2 de jambon.

Déposez les fagots dans un plat allant au four, enfournez-le et laissez-les cuire 5 minutes. Servez aussitôt en présentant la sauce à part.

Cocktail pomme-cassis

Pour 1 verre

Préparation : 2 minutes

6 cl de jus de pomme (3 cuillerées à soupe)

2 cl de sirop de cassis (1 cuillerée à soupe)

2 cl d'eau gazeuse (1 cuillerée à soupe)

Dans un verre, versez le jus de pomme, l'eau gazeuse et le sirop de cassis. Servez aussitôt sans mélanger afin de conserver un joli dégradé de couleurs.

Mini-brochettes de poulet tandoori

Pour 4 personnes

Préparation : 20 minutes

Repos : 1 heure

Cuisson : 5 minutes

3 escalopes de poulet

2 yaourts natures

2 cuillerées à soupe d'épices tandoori (dans les épiceries asiatiques)

50 g de graines de sésame

le jus de 1 citron

brochettes en bois

- Coupez les escalopes de poulet en morceaux de 6 centimètres de longueur sur 1 centimètre de largeur environ.

- Dans un saladier, mélangez les yaourts, les épices tandoori, les graines de sésame et le jus de citron.

- Plongez les morceaux de poulet dans ce mélange et laissez-les mariner 1 heure au réfrigérateur.

- Faites chauffer une poêle antiadhésive et faites-y griller les morceaux de poulet 3 minutes à feu vif. Ils doivent être bien dorés.

- Piquez-les sur les brochettes et servez aussitôt ces mini-brochettes accompagnées de sauce barbecue ou de sauce au yaourt et au citron (voir recettes p. 157).

Vous pouvez remplacer les épices tandoori par de la pâte tandoori (2 ou 3 cuillerées à soupe à incorporer directement dans la marinade).

Abricot-beach

Pour 1 verre

Préparation : 5 minutes

10 cl de nectar d'abricot (ou de nectar de pêche)

2 cl de sirop d'orange (1 cuillerée à soupe)

1 jaune d'œuf

1 cuillerée à soupe de crème fraîche épaisse

1 rondelle d'orange (pour le décor)

2 glaçons

- Déposez les glaçons dans un shaker. Versez le nectar d'abricot, le sirop d'orange, la crème fraîche et le jaune d'œuf, puis agitez énergiquement.

- Filtrez dans un grand verre et décorez de la rondelle d'orange. Servez aussitôt.

Cubes de thon au sésame

Pour 4 personnes

Préparation : 25 minutes

Repos : 1 heure

Cuisson : 5 minutes

Ustensiles à prévoir : piques

- 300 g de thon cru coupé en tranches épaisses
- 30 g de graines de sésame
- 1 gousse d'ail
- 1 pincée de paprika doux en poudre
- 1 cuillerée à soupe de sauce soja
- 1 cuillerée à soupe de vinaigre de vin blanc
- 1 cuillerée à soupe d'huile de sésame
- 1 cuillerée à soupe de miel
- sel, poivre du moulin

Coupez le thon en cubes de 1 centimètre de côté environ. Épluchez et écrasez l'ail.

Dans un saladier, mélangez l'huile de sésame, la sauce soja, le miel, le vinaigre, l'ail, 1 pincée de sel et 1 tour de moulin à poivre. Ajoutez les cubes de thon et nappez-les de ce mélange. Couvrez le saladier de film alimentaire et laissez mariner 1 heure au réfrigérateur.

Préchauffez le gril du four.

Égouttez les cubes de thon et déposez-les dans un plat allant au four, enfournez-le et faites griller les cubes de thon 3 minutes environ en les badigeonnant régulièrement de marinade (vous pouvez également les faire griller au barbecue).

Parsemez-les de graines de sésame et de paprika et faites-les griller encore 2 minutes. Servez-les aussitôt accompagnés de sauce barbecue ou de sauce soja-citron (voir recettes p. 157).

Cocktail mangue-passion

Pour 1 verre

Préparation : 5 minutes

- 10 cl de nectar de mangue
- 8 cl de jus de fruit de la passion (4 cuillerées à soupe)
- jus de 1/2 citron vert
- 4 glaçons

Déposez les glaçons dans un shaker, ajoutez le nectar de mangue, le jus de fruit de la passion et le jus de citron, puis agitez bien.

Filtrez dans un grand verre et servez aussitôt.

Fougassettes

Pour 4 personnes
Préparation : 30 minutes
Repos : 1 heure
Cuisson : 15 minutes

260 g de farine (type 55)
15 g de levure de boulanger
6 cuillerées à soupe d'huile d'olive
fleur de sel
sel

Délayez la levure dans 2 cuillerées à soupe d'eau tiède.

Versez 250 grammes de farine dans un saladier, ajoutez 2 cuillerées à soupe d'huile d'olive, la levure délayée, 15 centilitres d'eau et 1 pincée de sel. Mélangez jusqu'à l'obtention d'une pâte homogène. Pétrissez-la pendant 5 minutes et déposez-la dans un saladier légèrement fariné. Couvrez-le d'un linge et laissez la pâte lever 1 heure environ à température ambiante.

Sortez la plaque du four et préchauffez-le à 180 °C (th. 6).

Sur la plaque du four recouverte de papier sulfurisé, étalez la pâte sur une hauteur de 2 millimètres environ. Badigeonnez-la de 2 cuillerées à soupe d'huile d'olive et parsemez-la de fleur de sel.

Enfournez la plaque et laissez cuire 15 minutes.

À la sortie du four, arrosez la fougasse du reste d'huile d'olive et découpez-la en petits carrés. Servez-les aussitôt.

Vous pouvez réaliser des petits carrés de pâte directement sur la plaque avant de l'enfourner. N'hésitez pas à remplacer l'huile d'olive par une huile parfumée au basilic, au thym ou au romarin. Vous pouvez également étaler une fine couche de chutney aux tomates (voir recette p. 157) sur la pâte crue de la fougasse avant de l'enfourner.

Cocktail banane-kiwi

Pour 1 verre
Préparation : 10 minutes

1 banane
1 kiwi

Épluchez le kiwi et la banane. Déposez-les dans le bol d'un mixeur, ajoutez 2 cuillerées à soupe d'eau et mixez. Versez dans un grand verre et servez aussitôt.

Croûtes de comté

Pour 4 personnes
(12 croûtes environ)

Préparation : 35 minutes

Cuisson : 10 minutes

200 g de comté

1/2 baguette de pain

150 g de champignons de Paris nettoyés

5 brins de ciboulette ciselée

le jus de 1/2 citron

25 cl de crème fraîche épaisse

30 g de beurre

sel, poivre du moulin

- Sortez la plaque du four et préchauffez le gril.
- Coupez la baguette en tranches de 1 centimètre d'épaisseur environ et faites-les griller.
- Râpez le comté et émincez finement les champignons de Paris.
- Faites chauffer le beurre dans une poêle et faites-y sauter les champignons avec la ciboulette, 1 pincée de sel et 1 tour de poivre du moulin 3 minutes à feu doux.
- Ajoutez la crème fraîche et le jus de citron, puis laissez réduire 4 minutes à feu doux. Ajoutez le comté et mélangez hors du feu.
- Tartinez les tranches de pain de cette préparation, déposez-les sur la plaque du four recouverte de papier sulfurisé et laissez-les dorer 2 minutes.
- Supprimez les bords des croûtes de comté et servez-les aussitôt.

Vous pouvez réaliser ces croûtes de comté avec du pain de mie.

Milk-shake mûre-framboise

Pour 1 verre

Préparation : 10 minutes

2 cl de sirop de mûre
(1 cuillerée à soupe)

90 g de framboises

1 yaourt

1 cuillerée à soupe de glace à la vanille

1 cuillerée à soupe de miel

- Versez le yaourt, la glace à la vanille, les framboises et le miel dans le bol d'un mixeur, puis mixez à haute vitesse. Versez le mélange dans un grand verre et ajoutez le sirop de mûre. Servez aussitôt.

Vous pouvez remplacer la glace à la vanille par une boule de glace à la pistache.

Bretzels

Pour 4 personnes (40 bretzels environ)

Préparation : 45 minutes

Repos : 1 heure

Cuisson : 5 minutes

1/2 cuillerée à café de graines de carvi

300 g de farine

15 g de levure de boulanger

25 g de bicarbonate de soude (en grandes surfaces)

10 cl de lait tiède

50 g beurre ramolli

gros sel

sel

Dans un saladier, délayez la levure dans le lait. Incorporez 50 grammes de farine et mélangez bien. Couvrez d'un linge humide et laissez lever ce levain 30 minutes à température ambiante.

Dans un autre saladier, versez le reste de farine et 1/2 cuillerée à café de sel. Incorporez le beurre et 15 centilitre d'eau, puis mélangez jusqu'à l'obtention d'une pâte homogène. Incorporez le levain et le carvi, puis pétrissez. Couvrez le saladier d'un linge humide et laissez lever 30 minutes.

Prélevez de petites portions de pâte de la taille d'1 noix et, sur le plan de travail fariné, roulez-les en boudins de 1 centimètre de diamètre environ. Formez des sortes de nœuds en croisant les extrémités.

Disposez-les dans un plat, couvrez-les d'un torchon et réservez-les 45 minutes au réfrigérateur.

Dans une cocotte, portez à ébullition 1 litre d'eau et laissez tiédir. Ajoutez le bicarbonate de soude, plongez-y les bretzels et retirez-les dès qu'ils remontent à la surface.

Sortez la plaque du four et préchauffez-le à 180 °C (th. 6).
Déposez les bretzels sur la plaque du four recouverte de papier sulfurisé et parsemez-les de gros sel.
Laissez-les cuire 5 minutes au four, puis décollez-les encore tièdes de la plaque. Laissez-les refroidir et servez.

Vous pouvez mélanger à votre pâte 100 grammes d'olives noires ou vertes hachées, de lardons, de fromage râpé, de tomates séchées ou de chorizo coupé en dés, ou la parfumer avec les herbes hachées de votre choix (thym, basilic, romarin...).

Riesling

Huîtres au champagne

Pour 4 personnes

Préparation : 30 minutes

Repos : 30 minutes

12 huîtres de taille moyenne

4 tranches de pain de seigle grillées

1 cuillerée à café bombée de baies roses

1 branche de coriandre

15 cl de champagne

2 feuilles de gélatine

40 g de beurre demi-sel

gros sel, poivre du moulin

Ouvrez les huîtres et décoquillez-les au-dessus d'un saladier afin de recueillir leur eau et leur chair. Réservez les coquilles.
Égouttez les huîtres en conservant leur eau. Passez l'eau au chinois et réservez-la.

Dans une casserole, portez le champagne à ébullition et faites-y pocher les huîtres pendant 10 secondes. Égouttez-les aussitôt.

Incorporez les baies roses au champagne chaud, portez à ébullition, puis retirez du feu. Ajoutez la branche de coriandre, l'eau des huîtres et la gélatine préalablement ramollie dans un peu d'eau froide. Mélangez bien et poivrez cette gelée d'huîtres au champagne.

Recouvrez un plat de gros sel et déposez-y les coquilles. Remplissez-les de gelée d'huîtres au champagne et laissez prendre 30 minutes au réfrigérateur.

Disposez les huîtres par-dessus et servez-les aussitôt accompagnées de pain de seigle et de beurre demi-sel.

Vous pouvez déposer une fondue de poireaux au fond des coquilles avant d'ajouter la gelée d'huîtres.

Bellini

Pour 1 verre

Préparation : 30 minutes

10 cl de champagne frais

2 cl de nectar de pêche (1 cuillerée à soupe)

1/2 pêche coupée en dés (pour le décor)

2 feuilles de basilic (pour le décor)

1 cuillerée à soupe de glace pilée

1 pique (pour le décor)

Remplissez une flûte à champagne de glace pilée, couvrez le verre et secouez-le. Retirez la glace.

Versez-y le nectar de pêche (ou 1/2 pêche mixée), ajoutez le champagne frais et mélangez doucement.

Piquez les dés de pêche et les feuilles de basilic sur la pique et décorez-en le verre. Servez aussitôt.

Les mises en bouche (salées)

Crabe gratiné sur crêpe

Pelez à vif 1 citron vert. Prélevez les quartiers sans les membranes et coupez-les en 2.

Préchauffez le four en mode gril.

Faites tremper le pain dans un peu d'eau, puis essorez-le bien et passez-le au mixeur. Récupérez et émincez le zeste du citron. Épluchez et râpez finement la carotte.

Hachez l'échalote, le piment, le persil, l'oignon, le thym et l'ail. Faites-les revenir dans une sauteuse avec un peu d'huile et ajoutez le gingembre, les zestes, la carotte râpée et incorporez la chair de crabe égouttée. Remuez bien, puis ajoutez le pain. Mélangez. Salez et poivrez. Laissez cuire environ 10 minutes, puis ajoutez le jus d'un citron.

Versez dans un plat à gratin et saupoudrez de chapelure. Enfournez pour 4 minutes environ à 180 °C (th. 6).

Préchauffez le four à 90 °C (th. 3).

Découpez les crêpes en forme de cuillère. Déposez les cuillères en crêpe obtenues sur une plaque antiadhésive. Salez et poivrez. Faites-les sécher au four environ 5 minutes de chaque côté.

À la sortie du four, déposez chaque morceau de crêpe sur des grosses cuillères pour les faire sécher à la forme souhaitée. Une fois les crêpes sèches, retirez-les délicatement des cuillères.

Au moment de servir, à l'aide d'une cuillère, déposez 1 part de gratin sur les cuillères en crêpe. Décorez d' 1/2 quartier de citron. Servez aussitôt.

Pour environ 12 cuillères

Préparation : 20 minutes

Cuisson : 15 minutes

4 crêpes salées

1 boîte de 150 g de crabe émietté

1 carotte

1/2 piment

1 gros oignon

1 échalote

2 citrons verts

3 gousses d'ail

1 branche de thym

4 branches de persil

1 cuillerée à soupe de gingembre frais haché

2 tranches de pain de mie rassis

3 cuillerées à soupe de chapelure

2 cuillerées à soupe d'huile d'olive

sel, poivre du moulin

Piperade en cuillères

Lavez les poivrons et le piment. Retirez leur pédoncule et les graines et coupez-les en petits dés. Épluchez l'oignon et émincez-le. Plongez les tomates quelques secondes dans de l'eau bouillante, pelez-les, épépinez-les et coupez-les en quartiers. Écrasez l'ail.

Faites chauffer l'huile d'olive dans une casserole. Faites-y fondre l'oignon 5 minutes à feu doux.

Ajoutez l'ail, le piment, les poivrons et les tomates. Salez, poivrez et laissez cuire 25 minutes. Laissez refroidir.

Faites chauffer le beurre dans une poêle. Taillez le jambon en lanières et faites-les dorer à la poêle 5 minutes à feu doux. Égouttez-les sur du papier absorbant.

Dans une poêle antiadhésive, faites cuire les œufs de caille au plat.

Dans chaque cuillère chinoise, déposez un peu de piperade, recouvrez d'une lanière de jambon poêlée, puis déposez 1 œuf par-dessus.

Vous donnerez à vos œufs de caille un aspect plus décoratif si vous les faites cuire dans une plaque de petits moules à tartelette 3 minutes au four préchauffé à 210 °C (th. 7).

Pour 4 personnes (12 cuillères)

Préparation : 40 minutes

Cuisson : 40 minutes

Ustensiles à prévoir : 12 cuillères chinoises en porcelaine

150 g de tranches épaisses de jambon de Bayonne

2 tomates

1/2 poivron jaune

1/2 poivron rouge

1 piment vert doux

12 œufs de caille

1 oignon

2 gousses d'ail

2 cuillerées à soupe d'huile d'olive

20 g de beurre

sel, poivre du moulin

Mille-feuilles de tomates confites en cuillères

Pour environ 12 cuillères

Préparation : 30 minutes

Cuisson : 40 minutes

- 4 anchois au sel
- 9 grosses tomates
- 2 boules de mozzarella
- 2 oignons nouveaux
- 2 cuillerées à café de jus de citron
- 4 cuillerées à soupe de basilic ciselé
- 10 olives noires
- 10 cl d'huile d'olive
- 3 brins de persil
- 1 petite branche de thym
- fleur de sel, poivre du moulin

Préchauffez le four à 120 °C (th. 4).

Ébouillantez quelques secondes 6 tomates. Pelez et épépinez-les. Conservez 12 morceaux de peau de tomate. Coupez chaque tomate en 6. Placez les morceaux de tomate dans un plat. Dans le même plat, déposez les morceaux de peau de tomate. Parsemez le tout de fleur de sel et de thym. Arrosez d'huile d'olive, enfournez et laissez cuire pendant 40 minutes. Retournez les peaux à mi-cuisson, de manière à bien les faire sécher pour obtenir des chips. Laissez refroidir et égouttez les quartiers et les peaux de tomate. Réservez les quartiers au frais.

Rincez les filets d'anchois sous l'eau froide. Détachez l'arête centrale et éliminez soigneusement les déchets. Laissez dessaler les filets dans un bol d'eau.

Pelez et coupez en deux les 3 tomates restantes. Épépinez-les et hachez grossièrement la pulpe. Pelez et émincez très finement les oignons nouveaux. Faites fondre les filets d'anchois égouttés et émincés finement dans 2 cuillerées à soupe d'huile chaude.

Dans un saladier, mélangez la mozzarella préalablement hachée avec les tomates concassées, le hachis d'oignons et les olives. Ajoutez le jus de citron, les filets d'anchois fondus, le basilic et le persil ciselés. Poivrez.

Montez les mille-feuilles dans les cuillères en commençant par 1 quartier de tomate confite, une couche de mélange tomates-mozarella-olives-anchois. Renouvelez l'opération 1 fois et terminez par 1 morceau de tomate confite. Décorez avec 1 chips de peau de tomate.

Mousse de thon au mascarpone

Pour environ 12 cuillères

Préparation : 15 minutes

Réfrigération : 10 minutes

1 petite boîte de thon au naturel

150 g de mascarpone

1/2 botte d'aneth

1/2 botte de coriandre

3 gouttes de Tabasco

le jus de 1 citron jaune

sel, poivre du moulin

Dans un saladier, mélangez le thon et le mascarpone. Incorporez le sel, le poivre, le Tabasco, l'aneth, la coriandre hachée et le jus du citron. Mélangez bien le tout et rectifiez l'assaisonnement. Réservez 10 minutes au réfrigérateur avant de répartir dans les cuillères.

Servez frais, accompagné de petites tranches de pain grillé que vous pouvez confectionner comme suit : tranchez du pain, répartissez dessus quelques gouttes d'huile d'olive et faites griller au four quelques minutes.

Saint-Jacques au pesto de roquette

Pour environ 12 cuillères

Préparation : 30 minutes

Cuisson : 2 minutes

Ustensiles à prévoir :
12 piques en bois

12 noix de Saint-Jacques

6 tranches de poitrine fumée

12 copeaux de parmesan

1/2 sachet de roquette

30 g de pignons

1 cuillerée à soupe de vinaigre balsamique

4 cuillerées à soupe d'huile d'olive

sel, poivre du moulin

Passez au mixeur la roquette avec les pignons et l'huile d'olive. Salez et poivrez.

Coupez les tranches de poitrine fumée en deux. Déposez sur chaque moitié de poitrine 1 copeau de parmesan et 1 noix de Saint-Jacques. Roulez la poitrine sur la noix de Saint-Jacques et maintenez le tout à l'aide d'1 pique en bois.

Dans une poêle anti-adhésive très chaude, faites saisir, sans matière grasse, les noix de Saint-Jacques roulées dans le lard pendant 1 à 2 minutes sur chaque face. Retirez la pique en bois et coupez-les en 2.

Dans chaque cuillère déposez un peu de pesto de roquette. Posez dessus 1 noix de Saint-Jacques coupée en deux et assaisonnez d'un trait de vinaigre balsamique. Décorez de pignons de pin.

Servez chaud.

Le plateau apéro : acras, gambas, cake au saumon

Pour environ 12 cuillères de chaque, soit 36 cuillères

Préparation : 30 minutes

Trempage : 6 heures

Cuisson : 45 minutes

Le cake au saumon

- 200 g de saumon frais sans la peau
- 200 g d'épinards
- 100 g de gruyère râpé
- 1 Carré frais
- 3 œufs
- 150 g de farine
- 1 sachet de levure
- 12 cl de lait entier
- 10 cl d'huile de tournesol
- 1 noix de beurre demi-sel
- 2 pincées de sel
- 2 pincées de poivre

Les gambas

- 12 gambas décortiquées
- 1 avocat bien mûr
- 1 citron
- 6 pâtes à ravioles chinoises
- 1 cuillerée à café d'épices à guacamole
- 1 blanc d'œuf
- huile de friture

Préparez le cake au saumon

Préchauffez le four à 180 °C (th. 6). Faites revenir les feuilles d'épinards préalablement lavées dans une poêle avec un peu de beurre pendant 5 minutes. Découpez le saumon en morceaux et faites-le revenir 5 minutes. Ajoutez les épinards. Salez et poivrez. Dans un saladier, fouettez les œufs, la farine et la levure. Incorporez petit à petit l'huile et le lait chaud. Ajoutez le gruyère râpé et le Carré frais. Mélangez. Incorporez le mélange de saumon. Versez le tout dans un moule à cake non graissé et faites cuire au four pendant 45 minutes. Laissez tiédir et détaillez en petits morceaux.

Préparez les gambas frites au guacamole

Écrasez l'avocat à la fourchette. Mélangez avec le jus du citron et les épices. Réservez au frais. Roulez les gambas dans la pâte à raviole, en laissant dépasser la queue. Soudez à l'aide du blanc d'œuf. Plongez-les dans la friture et laissez-les blondir. Répartissez le guacamole dans 12 cuillères. Déposez dessus 1 gamba tiède. Servez aussitôt.

Préparez les acras

- Faites tremper la morue dans de l'eau fraîche pendant au moins 6 heures en changeant l'eau régulièrement (3 fois minimum). Plongez la morue 5 minutes dans de l'eau frémissante, puis enlevez la peau et les arêtes et émiettez-la. Faites-la mariner dans le jus de citron vert, l'ail haché finement et 1 pincée de sel et de poivre. Ajoutez le céleri et le persil, 1/4 de piment et l'oignon finement hachés. Mélangez. Terminez par la farine, les œufs et ajoutez 1/2 verre d'eau. Laissez reposer au moins 1/4 d'heure et faites frire en déposant des cuillères à café de préparation dans un bain d'huile. Faites dorer puis égouttez sur du papier absorbant.

- Servez un acra par cuillère.

Les acras

200 g de morue salée
1 petit oignon
2 gousses d'ail
1 petite branche de céleri
1 citron vert
3 œufs
1/2 bouquet de persil
1/4 d'un petit piment antillais
150 g de farine avec levure
huile de friture
sel, poivre du moulin

Soufflé de parmesan et tomates séchées

Pour environ 12 cuillères

Préparation : 40 minutes

Cuisson : 15 minutes

100 g de parmesan râpé

3 pétales de tomate confite

3 œufs

30 g de farine

30 cl de lait.

30 cl de crème fraîche épaisse

70 g de beurre

sel, poivre du moulin

Émincez les tomates confites en petits morceaux.

Faites fondre 30 grammes de beurre. Ajoutez la farine. Laissez cuire 30 secondes en remuant régulièrement. Retirez du feu avant d'incorporer le lait froid petit à petit. Remettez sur le feu et portez à ébullition, toujours en remuant jusqu'à ce que le mélange épaississe. Salez, poivrez, ajoutez le parmesan et la crème. Laissez refroidir.

Cassez les œufs en séparant les blancs des jaunes. Incorporez les jaunes à la sauce.

Préchauffez le four à 210 °C (th. 7).

Battez les blancs en neige ferme avec 1 pincée de sel. Incorporez-les délicatement à la béchamel au fromage, tout en soulevant la masse.

Beurrez les cuillères, répartissez les petits morceaux de tomate et remplissez-les au $^2/_3$ de sauce.

Enfournez puis ramenez la température du four à 180 °C (th. 6) et laissez cuire 15 minutes. Sortez les cuillères et laissez tiédir (important car les cuillères à la sortie du four sont brûlantes !) puis servez.

Vous pouvez remplacer le parmesan par le fromage de votre choix.

Cuillères niçoises

Pour environ 12 cuillères
Préparation : 30 minutes

- 3 filets d'anchois
- 4 tomates bien mûres
- 1/2 concombre
- 1/2 poivron vert
- 1 gousse d'ail
- 12 olives niçoises
- 2 œufs durs
- 4 feuilles de basilic frais
- 2 branches d'aneth
- 6 cuillerées à soupe d'huile d'olive
- sel , poivre du moulin

Écalez les œufs durs.

Lavez les tomates et coupez-les en quartiers. Lavez le poivron, enlevez le pédoncule, ouvrez-le et enlevez les pépins. Coupez-le en bâtonnets. Épluchez le concombre, retirez les graines et coupez-le en rondelles. Réduisez la gousse d'ail en purée. Mélangez tous ces ingrédients et réservez au frais.

Coupez les anchois en 2.

Dans un bol, mélangez l'huile d'olive, le sel, le poivre, l'aneth et le basilic ciselés. Versez sur la salade, ajoutez les olives et mélangez.

Coupez les œufs en morceaux.

Répartissez la salade niçoise et les œufs durs dans les cuillères. Décorez avec les anchois coupés en petits morceaux.

Carpaccio de thon mariné à l'aneth, yaourt et câpres

Attention ! Le thon doit être acheté au maximum 24 heures avant la préparation de la recette, sinon il risque d'être toxique. Si vous préférez l'acheter tranché, demandez à votre poissonnier de le faire devant vous.

- Préchauffez le four à 210 °C (th. 7).

- Lorsque le four est chaud, enfournez les poivrons placés dans un plat et retournez-les souvent jusqu'à ce qu'ils soient boursouflés sur toutes les faces et que la peau se détache (au bout d'environ 20 minutes). Ne les laissez pas trop noircir, ils prendraient un goût amer.

- Enfermez-les dans un sac en plastique et laissez-les refroidir.

- Retirez ensuite les poivrons du sac et pelez-les. La peau s'enlèvera très facilement. Ouvrez-les en 2 et retirez les pépins. Taillez les poivrons en lanières d'1/2 centimètre environ. Disposez-les dans un plat et recouvrez-les du mélange vinaigre, huile d'olive, yaourt, aneth, ail, câpres, piment d'Espelette et basilic.

- Laissez macérer 2 heures au réfrigérateur.

- Emballez le thon dans un film étirable et placez-le au congélateur (de manière à le trancher plus facilement). Au bout de 30 minutes, sortez le thon du congélateur et taillez-le en fines tranches.

- Disposez les tranches de thon dans les cuillères et laissez-les environ 10 minutes à température ambiante. Recouvrez de poivrons égouttés et arrosez de marinade. Salez et poivrez.

- Servez frais.

Pour environ 12 cuillères

Préparation : 20 minutes

Réfrigération : 2 heures

Cuisson : 20 minutes

1/2 poivron rouge

1/2 poivron vert

2 cuillerées à soupe de vinaigre

4 cuillerées à soupe d'huile d'olive

1 gousse d'ail hachée

1 pincée de piment d'Espelette

1 cuillerée à soupe de basilic ciselé

1 cuillerée à soupe d'aneth

1 yaourt nature

1 cuillerée à soupe de câpres hachées

300 g de thon ultra frais

sel, poivre du moulin

Crêpes aux crevettes et mangue au coulis de concombre

Pour environ 12 cuillères

Préparation : 25 minutes

Cuisson : 10 minutes

- 6 crevettes roses crues
- 2 petits concombres
- 1 oignon
- 1 piment rouge
- 1 mangue pas trop mûre
- 300 g de pâte à crêpes non sucrée
- 1 litre de fumet de poisson
- 25 cl de lait de coco
- 1 cuillerée à soupe de crème fraîche
- 100 g de beurre
- sel, poivre du moulin

Préparez la crème de concombre. Fendez le piment en 2. Hachez-le après avoir ôté le pédoncule et les graines. Épluchezl'oignon et coupez-le en petits morceaux. Pelez 1 concombre. Coupez-le en 2 dans la longueur, retirez les graines et coupez-le en dés. Placez dans une casserole le piment, l'oignon, le concombre, poivrez et salez. Ajoutez 1 noix de beurre et amenez doucement à ébullition en remuant avec une spatule en bois. Au bout de 10 minutes, passez le tout au mixeur. Remettez dans la casserole et ajoutez le lait de coco. Portez à ébullition. Hors du feu, ajoutez la crème fraîche. Réservez.

Préparez les crêpes de crevettes et mangue. Épluchez et coupez la mangue et le second concombre en tout petits bâtonnets. Faites bouillir le fumet de poisson dans une casserole et pochez-y les crevettes jusqu'à ce qu'elles deviennent roses. Égouttez-les et décortiquez-les. Coupez-les en 2 dans la longueur. Confectionnez 4 crêpes. Étalez les crêpes sur des assiettes. Sur chaque crêpe, répartissez les crevettes, la mangue et le concombre. Roulez-les en les serrant bien. Coupez les extrémités afin d'obtenir des bords nets. Tronçonnez-les en 3.

Déposez dans chaque cuillère un tronçon de crêpe. Nappez de coulis de concombre.

Servez aussitôt.

Vous pouvez remplacer le coulis par une crème faite de concombre haché, crème, sel et poivre que vous tartinerez sur vos crêpes avant de les garnir.

Biscuits paquets de saumon

Pour 4 personnes

Préparation : 40 minutes

Repos : 48 heures si possible pour le saumon ; au moins 30 minutes pour la crème

Ustensiles spéciaux à prévoir : un mixeur ou un robot des petites piques en bois

Le saumon mariné

- 500 g de saumon en 1 filet, désarêté, avec la peau
- 1 petite botte d'aneth frais hachée
- 1 cuillerée à soupe de sucre semoule
- 1 cuillerée à soupe de gros sel
- 1 cuillerée à café de poivre concassé

Les paquets

- 1 oignon doux
- 1 bouquet de ciboulette
- quelques branches d'aneth
- quelques branches de persil plat
- le jus de 1 citron
- 150 g de crème fraîche
- 1 paquet de biscuits salés ou de crackers

Coupez le filet de saumon en 2 dans le sens de la largeur. Dans un plat à gratin, déposez $^1/_3$ de l'aneth haché, 1 morceau de saumon côté peau sur l'aneth. Saupoudrez du mélange sucre-gros sel-poivre concassé et $^1/_3$ de l'aneth. Posez le second morceau de saumon côté chair sur les aromates. Terminez avec le reste d'aneth.

Recouvrez de film étirable et réservez au réfrigérateur pendant au moins 24 heures (48 heures sont recommandées).

Au bout de ce temps, rincez soigneusement les filets sous l'eau froide courante et coupez-les en fines tranches en biais à l'aide d'un couteau à jambon.

Émincez finement l'oignon. Ciselez la ciboulette, l'aneth et le persil. N'hésitez pas à utiliser une bonne quantité d'herbes. Réunissez le tout dans le bol d'un mixeur, ajoutez le jus de citron, la crème fraîche, et mixez finement.

Versez la crème obtenue dans un bol, couvrez d'un film alimentaire et laissez durcir au réfrigérateur pendant au moins 30 minutes.

Disposez sur le plan de travail une tranche de saumon. Au centre de chaque portion, déposez un peu de crème et 1 biscuit. Recouvrez d'un peu de crème.

Refermez les tranches de saumon en ramenant les bords au-dessus de la garniture de façon à former des ballotins.

Moelleux au lard

Pour 4 personnes

Préparation : 30 minutes

Cuisson : 10-12 minutes

Ustensiles spéciaux à prévoir : une poêle ou une sauteuse à manche métallique, pouvant aller au four (par exemple une poêle en fonte).

200 g de pommes de terre

2 œufs

100 g de farine

20 cl de lait entier froid

100 g de lardons

un peu d'huile d'arachide

sel, poivre du moulin

Épluchez les pommes de terre, lavez-les puis râpez-les finement. Pressez-les dans un linge pour éliminer l'excédent d'eau, puis déposez-les dans un saladier.

Battez les œufs en omelette. À l'aide d'une spatule en bois, incorporez petit à petit aux pommes de terre la farine, le lait entier froid, les œufs et les lardons. Salez et poivrez.

Préchauffez le four à 180 °C (th. 6).

Faites chauffer l'huile d'arachide dans une poêle, puis versez-y l'appareil. Laissez colorer 2 ou 3 minutes sur feu doux.

Lorsque la pâte commence à prendre sur les bords, glissez la poêle dans le four et comptez de 5 à 8 minutes de cuisson supplémentaires.

Laissez tiédir et découpez en petits morceaux.

Vous pouvez poser une tranche de lard séché sur les moelleux.

Moelleux aux crevettes, au curry et au poireau

Préchauffez le four à 180 °C (th. 6). Beurrez les moules.

Vous pouvez laisser les crevettes entières ou les couper en morceaux.

Lavez le poireau ; émincez très finement le vert et faites-le étuver doucement pendant 10 minutes dans le beurre avec 1 cuillerée à soupe d'eau. Réservez.

Dans un récipient, mélangez la farine, la levure, le sel et le curry.

Dans un autre récipient, battez l'œuf à l'aide d'une fourchette. Ajoutez l'huile et le lait. Mélangez les 2 préparations sans trop travailler la pâte. Incorporez les crevettes et le poireau étuvé.

Versez ce mélange dans les moules beurrés. Vous pouvez piquer dans chaque moelleux 1 crevette au sel et au poivre que vous laissez dépasser. Faites cuire environ 25 minutes au four pour les mini-muffins. Prolongez la cuisson si vous utilisez des moules plus grands.

Pour 6 personnes

Préparation : 15 minutes

Cuisson : 25 minutes

Ustensiles spéciaux à prévoir :
12 moules à mini-muffins
ou 1 plaque en silicone
à 12 alvéoles
ou de 6 à 8 ramequins

100 g de crevettes décortiquées

1 poireau primeur

1 noix de beurre
+ un peu pour les moules

140 g de farine

2 cuillerées à café rases de levure chimique

1 pincée de sel

1 cuillerée à café de poudre de curry

1 œuf

2 cuillerées à soupe d'huile

15 cl de lait

6 à 12 crevettes au sel et au poivre (facultatif ; à acheter chez un traiteur asiatique)

sel, poivre du moulin

Toasts à la sardine et œuf brouillé

Pour 6 personnes

Préparation : 30 minutes

Cuisson : 6-7 minutes

6 tranches de pain de campagne

Les œufs brouillés

30 g de beurre

6 œufs

20 cl de crème liquide

4 branches d'aneth ciselées

1 petit bouquet de cerfeuil ciselé

Les sardines

les filets de 300 g de sardines fraîches (à faire lever par votre poissonnier)

le jus de 2 citrons

1 cuillerée à soupe de vinaigre de vin

1 cuillerée à café de pastis

1/2 cuillerée à café de coriandre en poudre

2 gousses d'ail finement écrasées

15 cl d'huile d'olive

1 cuillerée à café rase de poivre concassé

quelques pincées d'origan séché

sel, poivre du moulin

Rangez les filets de sardines dans un plat creux, salez, poivrez ; ajoutez le jus de citron, le vinaigre, le pastis et la coriandre. Laissez mariner.

Faites fondre le beurre dans une casserole sur feu très doux. Battez les œufs en omelette, salez légèrement et poivrez. Versez les œufs dans la casserole, mélangez avec un fouet et cessez de remuer lorsque les œufs brouillés ont la consistance désirée. Ajoutez alors la crème liquide, mélangez au fouet jusqu'à obtention d'une crème homogène mais pas trop lisse. Laissez chauffer sans bouillir et retirez du feu. Ajoutez l'aneth et le cerfeuil ciselés. Mélangez.

Préchauffez le four à 200 °C (th. 6-7).

Mélangez l'ail écrasé et l'huile d'olive. Rangez les tranches de pain sur une plaque. Badigeonnez-les d'huile parfumée sur une face, ajoutez un peu d'ail écrasé. Parsemez de poivre concassé, saupoudrez d'origan. Glissez la plaque au four et laissez dorer les tranches de pain pendant quelques minutes. Retournez-les à mi-cuisson pour faire dorer l'autre face. Dès qu'elles sont uniformément dorées, retirez-les du four. Allumez le gril.

Recouvrez les tranches de pain d'1 couche d'œufs brouillés, puis de filets de sardine égouttés. Passez le tout quelques secondes sous le gril du four, puis découpez en petits morceaux.

Vous pouvez remplacer les filets de sardine fraîches par des filets de sardines à l'huile. Dans ce cas, ne les faites pas mariner. Vous pouvez également acheter des sardines désarêtées « en papillon » ; vous devrez en retirer toute arête ou écaille restante.

Biscuizza margherita

Pour 6 personnes

Préparation : 30 minutes

Repos : 1 heure environ

Cuisson : 30-35 minutes

Ustensiles spéciaux à prévoir : une plaque antiadhésive

La pâte à brioche

- 200 g de farine
- 5 g de levure de boulanger fraîche
- 1 cuillerée à café de sucre
- 1 cuillerée à café de sel
- 3 œufs
- 150 g de beurre mou en petits morceaux

La garniture

- 6 tomates mûres
- 300 g de mozzarella
- 75 g de parmesan râpé
- 1 cuillerée à soupe de câpres hachées (facultatif)
- 1 filet d'huile d'olive
- sel, poivre du moulin

Préparez d'abord la pâte à brioche. Dans la cuve d'un batteur électrique muni du crochet, ou dans un saladier, émiettez la levure ; ajoutez la farine, le sucre et le sel.

Ajoutez ensuite les œufs un par un, tout en mélangeant. Incorporez bien chaque œuf à la farine avant d'ajouter le suivant. Continuez de mélanger jusqu'à ce que la pâte se détache bien de la cuve du batteur. Incorporez le beurre.

Continuez de malaxer au batteur, ou de pétrir à la main, jusqu'à ce que la pâte se détache de nouveau du récipient. Laissez reposer la pâte dans un endroit tiède, couverte d'un torchon, jusqu'à ce qu'elle double de volume (1 heure environ). Pétrissez-la brièvement.

Préchauffez le four à 210 °C.

Étalez la pâte assez finement, huilez-la légèrement. Vous pouvez la séparer en petites bouchées ou l'étaler en une seule plaque que vous découperez une fois cuite. Disposez les mini-pizzas ou l'abaisse sur une plaque antiadhésive.

Pelez les tomates après les avoir ébouillantées quelques secondes. Épépinez-les, puis concassez-les et étalez-les sur le fond de pâte.

Coupez la mozzarella en lamelles et recouvrez-en les tomates. Salez et poivrez. Saupoudrez de parmesan râpé, ajoutez les câpres (si vous les utilisez) et arrosez le tout d'un filet d'huile d'olive. Laissez reposer 5 minutes

Faites cuire environ 30-35 minutes au four. Dégustez tiède.

Moelleux à la grecque

Pour environ 12 petits moelleux ou 6 à 8 plus gros

Préparation : 15 minutes

Cuisson : 15 minutes

Ustensiles spéciaux à prévoir : 12 moules à mini-muffins ou 1 plaque en silicone à 12 alvéoles ou de 6 à 8 ramequins.

- 250 g de farine à gâteaux avec levure incorporée
- 2 pincées de sel
- 1/2 oignon rouge
- 100 g de feta à l'huile d'olive et aux herbes (à acheter en bocal)
- 5 g d'olives noires dénoyautées
- 2 œufs
- 1 cuillerée à soupe de yaourt nature
- 1 cuillerée à soupe d'huile aux herbes prise dans le bocal contenant la feta

Préchauffez le four à 190 °C (th. 6-7). Beurrez les moules ou les alvéoles.

Hachez finement l'oignon. Coupez la feta en petits dés. Hachez grossièrement les olives.

Mélangez la farine et le sel. Ajoutez l'oignon, la feta et les olives.

Dans un saladier, battez les œufs avec le yaourt et l'huile d'olive. Incorporez petit à petit la farine en tournant avec une spatule. Mélangez soigneusement.

Versez la pâte dans les moules et faites cuire 15 minutes au tiers inférieur du four. Dégustez tiède ou froid.

P'tits cuits aux lardons et fromage

Pour 6 à 8 personnes

Préparation : 30 minutes

Cuisson : 10 minutes

Ustensiles spéciaux à prévoir : un emporte-pièce de la forme de votre choix ou un verre ; une plaque antiadhésive

70 g de poitrine fumée (sans couenne ni cartilage)

1 œuf battu

200 g de farine

1 cuillerée à café de moutarde en poudre

1 cuillerée à café de sel

100 g de beurre mou en petits morceaux

50 g de fromage râpé

$^{1}/_{2}$ cuillerée à café de piment de cayenne en poudre

2 cuillerées à soupe d'eau

graines de sésame (ou de pavot)

Préchauffez le four à 200 °C (th. 6-7).

Taillez la poitrine fumée en lardons fins comme des allumettes. Faites-les blanchir 1 minute à l'eau bouillante, puis égouttez-les et épongez-les doucement.

Battez l'œuf dans un bol. Mélangez la farine, la moutarde et le sel dans un saladier.

Incorporez le beurre du bout des doigts en travaillant légèrement jusqu'à obtention d'un mélange homogène ressemblant à de la chapelure.

Ajoutez le fromage râpé, le cayenne et l'eau. Mélangez. Ajouter la moitié de l'œuf battu et mélangez encore. Vous devez obtenir une pâte ferme. Pétrissez-la légèrement jusqu'à ce qu'elle soit bien homogène.

À l'aide d'un rouleau à pâtisserie, abaissez la pâte sur un plan fariné à une épaisseur de 2-3 mm. Découpez des biscuits à l'emporte-pièce et déposez-les sur la plaque antiadhésive.

Dorez avec le reste d'œuf battu. Parsemez des lardons et des graines de sésame (ou de pavot). Faites cuire 10 minutes au four. Laissez refroidir sur une grille.

Vous pouvez incorporer les lardons revenus à la pâte en même temps que le fromage.

…uilletés au thon …t au mascarpone

Préparation : …

Cuisson : 25 minutes

400 g de thon au naturel

½ poivron rouge (80 g)

1 oignon

3 gousses d'ail

3 branches de basilic

½ bouquet de persil plat

1 œuf + 1 jaune battu pour la dorure

125 g de mascarpone

paprika

2 rouleaux de pâte feuilletée pré-étalées pur beurre

sel, poivre du moulin

Égouttez le thon et émiettez-le grossièrement. Épépinez le poivron et taillez-le en petits dés. Hachez finement l'oignon, pressez l'ail. Ciselez toutes les fines herbes.

- Mélangez le thon, l'œuf, le mascarpone, le poivron, l'oignon, l'ail et les herbes. Salez et poivrez, ajoutez du paprika à votre goût.

- Déroulez les pâtes feuilletées.

- Préchauffez le four à 200 °C (th. 6-7). Garnissez une plaque de papier sulfurisé ou utilisez une plaque antiadhésive.

- Badigeonnez l'une des 2 pâtes de dorure et déposez dessus des petits tas de farce. Recouvrez avec la seconde pâte, scellez les bords de chaque petit feuilleté en pressant légèrement avec les doigts. Badigeonnez de dorure, puis détaillez les feuilletés et piquez-les 2 ou 3 fois avec une fourchette.

- Déposez les feuilletés sur la plaque et faites-les cuire à mi-hauteur du four environ 25 minutes. Dégustez tiède.

Flûtes au foie gras

Pour 6 à 8 personnes

Préparation : 35 minutes

Cuisson : 10 minutes

Ustensiles spéciaux à prévoir :
un objet fin et cylindrique, par exemple un crayon
une poche pour remplir les cigares (facultatif)

Les cigares

- 100 g de farine
- 1 pincée de sel
- 4 blancs d'œufs
- 100 g de beurre fondu
- 100 g de pain d'épices très finement haché

La garniture

- 100 g de beurre ramolli
- 100 g de foie gras de canard ou d'oie cuit
- 2 cuillerées à soupe d'armagnac ou de cognac
- sel, poivre du moulin

Préchauffez le four à 180 °C (th. 6). Garnissez une plaque de papier sulfurisé.

Mélangez la farine, le sel, les blancs d'œufs et le beurre fondu dans un saladier. Sur une plaque antiadhésive (ou recouverte de papier sulfurisé), déposez de petits tas de pâte et saupoudrez-les de brisures de pain d'épices.

Faites cuire au four environ 10 minutes, les bords doivent être juste dorés. Décollez les tuiles et enroulez-les aussitôt autour d'un crayon ou de tout autre objet cylindrique très fin. Laissez refroidir complètement.

Mélangez à la spatule tous les ingrédients de la garniture au foie gras. Salez, poivrez, puis passez au tamis ou au mixeur.

Façonnez cette pâte en fins boudins en vous aidant d'une feuille de film étirable. Enveloppez-les dans le film et faites-les durcir au réfrigérateur ou au congélateur jusqu'à utilisation. Le moment venu, introduisez-les dans les cigares.

Vous pouvez aussi garnir l'intérieur des cigares de pâte au foie gras à l'aide d'une poche à douille. Conservez au frais.

Cubes au crabe

Pour 4 à 6 personnes

Préparation : 15 minutes

Cuisson : 1 h 30

Ustensiles spéciaux à prévoir :
un moule rectangulaire
un grand plat à gratin en métal (pour le bain-marie)

4 œufs

1 boîte de miettes de crabe (120 g environ)

2 grosses cuillerées à soupe de crème fraîche épaisse

1 petite boîte de concentré de tomate

2 cuillerées à soupe de tapioca à cuisson rapide

1 cuillerée à café de poivre vert

1 cuillerée à soupe de cognac

quelques gouttes de Tabasco

sel

Préchauffez le four à 160 °C (th. 5-6). Ayez de l'eau frémissante à portée de main pour le bain-marie.

Beurrez le moule (s'il est en silicone, ne le beurrez pas). Égouttez le crabe et retirez soigneusement tous les petits cartilages.

Délayez le concentré de tomate dans un peu d'eau.

Battez les œufs en omelette, ajoutez les miettes de crabe, le concentré de tomate, la crème fraîche, le tapioca, le poivre vert, le cognac, le Tabasco et un peu de sel. Mélangez soigneusement le tout.

Versez la préparation dans le moule, placez celui-ci dans le plat à gratin et ajoutez de l'eau frémissante à mi-hauteur du moule. Faites cuire 1 h 30 au four.

Lorsque la surface est ferme et que les bords commencent à se détacher du moule, le pain de crabe est cuit. Sortez le moule du bain-marie et laissez refroidir complètement.

Pour servir, coupez en cubes.

Torsades au piment

Pour 6 personnes

Préparation : 25 minutes

Repos : 1 h 30

Cuisson : 10 minutes

- 200 g de pâte feuilletée pur beurre
- un peu de farine
- 3 cuillerées à soupe de beurre fondu
- 20 g de gruyère râpé
- 20 g de parmesan fraîchement râpé
- 1 jaune d'œuf
- 50 g de noix de coco râpée
- sel, poivre du moulin
- piment d'Espelette en poudre

Farinez légèrement votre plan de travail, étalez la pâte feuilletée en un grand rectangle et dorez-la avec le beurre fondu.

Mélangez les 2 fromages et déposez-en la moitié sur une moitié du rectangle de pâte. Rabattez l'autre moitié de façon à recouvrir le fromage. Protégez de film étirable et laissez reposer environ 1 heure au réfrigérateur.

Battez le jaune d'œuf avec quelques gouttes d'eau pour obtenir une dorure. Farinez à nouveau le plan de travail, abaissez la pâte et dorez la surface au pinceau. Parsemez régulièrement du reste du mélange de fromages et de la noix de coco.

Garnissez une plaque de papier sulfurisé.

Coupez la pâte en 2, puis taillez-la en lanières d'environ 10 centimètres de longueur et 5 millimètres de largeur. Façonnez-les en torsades et déposez-les sur la plaque garnie de papier sulfurisé. Salez, poivrez, saupoudrez de piment d'Espelette. Faites reposer encore 30 minutes au réfrigérateur. Préchauffez le four à 220 °C (th. 7-8).

Faites cuire les torsades environ 10 minutes au four, ou jusqu'à ce qu'elles soient bien dorées.

Vous pouvez remplacer la noix de coco par des noix de cajou très finement hachées.

Biscuits à la saucisse

Pour un bon développement du feuilleté à la cuisson, il est important de sortir la pâte feuilletée du réfrigérateur juste avant de mettre au four. Elle gonflera mieux à la chaleur. Pendant la cuisson, n'ouvrez pas le four trop souvent, la température devant être forte et constante.

Pour 4 personnes

Préparation : 25 minutes

Repos : 30 minutes

Cuisson : 15 minutes

150 g de chair à saucisse

150 g de bœuf haché

250 g de pâte feuilletée pur beurre

2 tranches fines de jambon de pays

1 jaune d'œuf

graines de sésame

- Dans un saladier, mélangez la chair à saucisse et la viande hachée. Remplissez une poche de cette farce.

- Au rouleau, abaissez la pâte à 4-5 millimètres d'épaisseur.

- Dans un bol, préparez la dorure en battant le jaune d'œuf avec un peu d'eau. Répartissez les tranches de jambon sur la partie centrale de l'abaisse en laissant les bords libres ; pour mieux garnir la pâte, vous pouvez les couper en morceaux. Déposez un boudin de chair à saucisse au milieu de l'abaisse. Roulez la pâte sur elle-même afin d'obtenir un rouleau très compact. Quand la pâte est presque entièrement roulée, collez le bord avec la dorure appliquée avec un pinceau. Enveloppez le rouleau de film étirable et laissez-le reposer 30 minutes au réfrigérateur.

- Préchauffez le four à 220 °C (th. 6-7). Garnissez une plaque de papier sulfurisé.

- Sortez le rouleau du réfrigérateur, retirez le film et, à l'aide d'un couteau tranchant, coupez le rouleau en tranches de 5 millimètres d'épaisseur environ. Posez ces tranches sur la plaque garnie de papier sulfurisé en les espaçant bien. Saupoudrez-les de graines de sésame.

- Faites cuire 15 minutes au four. Au bout de 10 minutes de cuisson, retournez les biscuits pour faire dorer l'autre face.
Sortez les biscuits du four, servez-les tièdes.

Vous pouvez également remplacez la farce par 2 saucisses de Francfort. Avant de rouler la pâte, ajoutez 100 grammes de gruyère râpé et 1 pincée d'origan.

Biscuits au bacon, à l'oignon et au parmesan

Pour 4 à 6 personnes

Préparation : 30 minutes

Cuisson : 20 minutes

Ustensiles spéciaux à prévoir :
petits moules de la taille et de la forme de votre choix
une gouttière à tuiles ou un objet long et cylindrique comme un rouleau, un goulot de bouteille allongé, etc.

La garniture

150 g de bacon fumé

2 oignons

1 cuillerée à soupe d'huile de tournesol ou d'arachide

1 cuillerée à soupe de crème fraîche

Les biscuits

150 g de farine

10 g de levure chimique

1 pincée de sel

1 pincée de poivre

3 œufs

10 cl de lait

3 cuillerées à soupe d'huile de tournesol

50 g de parmesan râpé

Les tuiles au parmesan

100 g de parmesan râpé

Préchauffez le four à 180 °C (th. 6). Taillez les tranches de bacon en allumettes.

Émincez les oignons et faites-les revenir dans l'huile pendant environ 5 minutes. Ajoutez le bacon et laissez rissoler quelques minutes. Hors du feu, ajoutez la crème fraîche. Réservez.

Tamisez la farine avec la levure, le sel et le poivre. Dans un saladier, à l'aide d'un fouet, mélangez soigneusement les œufs et la farine. Faites tiédir le lait, puis ajoutez-le en même temps que l'huile à la préparation. Incorporez le mélange d'oignons et de bacon. Ajoutez le parmesan. Garnissez les moules de ce mélange et faites cuire environ 20 minutes (mais attention : la température varie selon la taille de vos moules).

Préparez les tuiles au parmesan : faites chauffer une poêle anti-adhésive sur feu doux. Déposez le parmesan râpé dans la poêle de manière à former un disque de 5 à 6 centimètres de diamètre. Garnissez bien le centre du disque afin qu'il soit épais de 1 à 2 millimètres, mais laissez les bords irréguliers afin de former une sorte de dentelle. Laissez fondre pendant 3 ou 4 minutes, puis remuez la poêle : la tuile est prête quand plus aucun grain de parmesan ne bouge dans la poêle.

Retirez du feu et laissez refroidir 1 minute. Donnez un petit coup de spatule pour décoller la tuile. Posez-en une délicatement sur l'objet cylindrique destiné à former les tuiles, et posez-en une autre à plat sur une plaque. Laissez refroidir. Confectionnez ainsi autant de tuiles recourbées que de tuiles plates.

Posez sur chaque biscuit au bacon une tuile plate et une tuile recourbée.

Parmentier à la tomate

Pour 6 personnes
6 verres à whisky

Préparation : 1 heure

800 g de pommes de terre (type bintje)

500 g de bœuf haché

6 tomates

2 oignons

2 échalotes

1 gousse d'ail

6 brins de romarin

40 cl de lait

2 cuillerées à soupe de crème fraîche épaisse

100 g de beurre

huile

1 morceau de sucre

sel, poivre du moulin

Pelez les pommes de terre et faites-les cuire 30 minutes dans 1,5 litre d'eau bouillante salée. Faites chauffer le lait dans une casserole jusqu'à frémissement. Égouttez les pommes de terre puis réduisez-les en purée en plaçant directement le moulin à légumes au-dessus de la casserole de lait chaud. Mélangez bien au fouet puis ajoutez 80 grammes de beurre coupé en morceaux et la crème fraîche. Salez, poivrez et mélangez à nouveau. Réservez.

Plongez les tomates 10 secondes dans de l'eau bouillante, pelez-les et coupez-les en petits dés. Pelez 1 oignon et 1 échalote et hachez-les. Faites-les revenir à feu vif dans une poêle huilée pendant 4 minutes environ. Ajoutez les tomates et l'ail haché puis laissez cuire pendant 40 minutes à feu doux en remuant de temps en temps. Ajoutez le morceau de sucre, salez et poivrez. Passez au moulin à légumes ou quelques secondes au mixeur pour obtenir une texture plus veloutée. Si le coulis vous semble trop liquide, remettez-le à cuire quelques minutes. Réservez.

Faites fondre le reste de beurre dans une poêle. Ajoutez le boeuf haché, l'oignon et l'échalote restants émincés et faites cuire à feu doux pendant 15 minutes. Salez et poivrez.

Au fond de chaque verre, déposez 1 couche de viande hachée, 1 couche de coulis de tomates et 1 couche de purée, puis renouvelez l'opération. Décorez d'un brin de romarin.

Vous pouvez préparer ces parmentiers quelques heures avant de les servir et les faire réchauffer au micro-ondes ou au bain-marie. Si vos verres supportent la chaleur du four, recouvrez les parmentiers d'un mélange de béchamel (1 cuillerée à soupe) et de gruyère râpé (1 cuillerée à soupe) et passez-les quelques minutes sous le gril.

Verre nordique

Mélangez la crème fraîche et la moitié du jus de citron. Salez, poivrez et fouettez jusqu'à obtention d'une consistance de chantilly. Ajoutez le basilic, l'aneth et la crème de raifort. Mélangez.

Au fond de chaque verre, déposez 1 cuillerée à soupe de cette crème citronnée. Recouvrez d' 1 couche d'œufs de lump et d' 1 couche d'œufs de saumon. Ajoutez à nouveau 1 couche de crème citronnée puis 1 couche de salicorne en en réservant un peu pour la décoration. Déposez les tranches des trois poissons sur le dessus.

Décorez d'un petit nid de salicorne et arrosez du reste de jus de citron. Réservez au réfrigérateur avant de servir.

Vous pouvez accompagner les verres nordiques de ravioles de crevettes : découpez des feuilles de brick en carrés de 10 centimètres de côté. Disposez au centre 1 crevette décortiquée et 1 cuillerée à soupe de légumes de votre choix revenus à la poêle et hachés. Salez, poivrez et refermez. Laissez sécher ces beignets 10 minutes et passez-les dans l'huile de friture 1 à 2 minutes.

Pour 6 personnes
6 verres de table

Préparation : 15 minutes

6 tranches de saumon fumé

6 tranches d'espadon fumé

6 tranches de flétan fumé

6 cuillerées à soupe d'œufs de lump rouges et noirs

6 cuillerées à soupe d'œufs de saumon

60 g de salicorne (chez votre poissonnier)

1 cuillerée à soupe de basilic haché

1 cuillerée à soupe d'aneth hachée

le jus de 4 citrons

20 cl de crème fraîche épaisse

1 cuillerée à soupe de crème de raifort

sel, poivre du moulin

Avocat au crabe

Ouvrez les avocats en 2. Retirez la chair avec une cuillère, coupez-la en dés et arrosez-la de jus de citron. Salez et poivrez. Passez au mixeur ou écrasez à la fourchette et recouvrez de film alimentaire. Réservez au réfrigérateur.

Mélangez le crabe, le paprika et la mayonnaise. Fouettez légèrement la crème fraîche et mélangez-la avec la ciboulette. Salez et poivrez.

Dans chaque verre, versez 2 cuillerées à soupe de mayonnaise au crabe, 1 couche de crevettes et 1 couche de crème d'avocat, puis renouvelez l'opération. Terminez par 1 cuillerée de crème à la ciboulette et quelques brins de persil.

Au moment où vous mixez les avocats, vous pouvez ajouter 5 ou 6 gouttes de Tabasco.

Pour 6 personnes
6 verres de table

Préparation : 20 minutes

7 avocats bien mûrs

150 g de crabe émietté frais ou en boîte

180 g de crevettes décortiquées (type bouquet)

1 pincée de paprika doux

1 tige de persil plat

1 cuillerée à soupe de ciboulette hachée

le jus de 1 citron

3 cuillerées à soupe de mayonnaise

80 g de crème fraîche épaisse

sel, poivre du moulin

illettes de saumon

g de saumon fumé

1 jaune d'œuf

1 botte de ciboulette

le jus de 2 citrons

20 cl de crème fraîche liquide

1 yaourt nature

1 cuillerée à soupe d'huile d'olive

100 g de beurre salé mou

sel, poivre du moulin

tes cuire le saumon frais au court-bouillon pendant utes ou à la vapeur pendant 10 minutes environ, puis laissez- oidir. Coupez le saumon fumé en tout petits dés de 2 à 3 mil- es de côté. Lavez et hachez la ciboulette. Retirez la peau et les arêtes du saumon frais refroidi. Émiettez-le délicatement du bout des doigts. Mélangez les deux sortes de saumon.

Passez au mixeur le jaune d'œuf, le yaourt, la moitié du jus de citron, l'huile d'olive et le beurre jusqu'à obtention d'un mélange homogène. Salez, poivrez et ajoutez la moitié de la ciboulette. Mélangez cette préparation avec le saumon.

Fouettez la crème fraîche. Ajoutez le reste de jus de citron et de ciboulette. Salez, poivrez et mélangez. Remplissez chaque verre de rillettes et recouvrez d'1 couche de crème fouettée. Réservez 2 heures environ au réfrigérateur avant de servir.

Accompagnez les rillettes de chips de pomme de terre : faites chauffer de l'huile de friture. Pelez des pommes de terre et coupez-les très finement. Trempez-les dans l'eau et séchez-les avec un torchon. Plongez-les 3 minutes dans l'huile chaude et débarrassez-les sur du papier absorbant. Remettez l'huile à chauffer et plongez-y à nouveau les chips jusqu'à ce qu'elles soient bien dorées.

Terrine de foie gras et d'artichaut

Pour 6 personnes
6 verres à whisky

Préparation : 45 minutes

Repos : 2 heures

600 g de foie gras mi-cuit

10 fonds d'artichauts frais ou surgelés

le jus de 2 citrons

2 cuillerées à soupe de vinaigre balsamique

2 cuillerées à soupe d'huile d'olive

7 cuillerées à soupe d'huile de pépins de raisin

1 sachet de gelée instantanée

Portez 1 litre d'eau à ébullition. Ajoutez le jus de citron, l'huile d'olive et les fonds d'artichauts. Couvrez et laissez cuire 35 minutes à feu moyen (20 minutes si vous utilisez des fonds d'artichauts décongelés). Égouttez les fonds d'artichauts sur du papier absorbant et laissez-les refroidir. Déposez-les ensuite dans un plat et couvrez-les d'huile de pépins de raisin et de vinaigre balsamique. Laissez-les mariner 30 minutes environ à température ambiante.

Pendant ce temps, préparez la gelée en suivant les indications sur le sachet. Coupez le foie gras en tranches de 1 centimètre d'épaisseur environ, au diamètre des verres. Coupez les fonds d'artichauts en tranches de 1 centimètre d'épaisseur, au diamètre des verres également.

Déposez 1 couche de gelée au fond de chaque verre et laissez-la prendre 15 minutes au réfrigérateur. Déposez ensuite 1 rondelle d'artichaut et recouvrez d'1 couche de gelée. Réservez à nouveau 15 minutes au réfrigérateur. Ajoutez 1 couche de foie gras puis 1 de gelée, et remettez au réfrigérateur 15 minutes. Renouvelez l'opération. Une fois les terrines prêtes, recouvrez d'1 fine couche de gelée et réservez 2 heures au réfrigérateur avant de servir.

Quand la gelée est encore liquide, vous pouvez l'aromatiser au cognac ou au madère. Vous pouvez également laisser macérer les fonds d'artichauts dans des feuilles et des graines de coriandre écrasées.

Les mignardises (sucrées)

Panna cotta lait de coco

Pour environ 12 cuillères
Préparation : 15 minutes
Repos : 1 heure
Cuisson : 5 minutes

La panna cotta

Le zeste de 1 citron
2 feuilles de gélatine
90 g de sucre en poudre
25 cl de lait de coco
25 cl de crème liquide

La salade de fruits

1/2 mangue
1/4 d'ananas
3 cuillerées à soupe de sucre semoule
1 cuillerée à café de rhum

Préparez la salade de fruits. Dans une casserole, faites bouillir 20 centilitres d'eau et le sucre. Ajoutez le rhum et laissez refroidir. Coupez l'ananas et la mangue en petits morceaux. Mélangez les fruits au sirop et placez au réfrigérateur.

Préparez la panna cotta. Trempez les feuilles de gélatine dans un peu d'eau froide pendant 10 minutes pour les ramollir. Versez dans une casserole la crème, le lait de coco, le zeste et le sucre. Portez à frémissement pendant 2 à 3 minutes. Hors du feu, ajoutez les feuilles de gélatine essorées à la panna cotta encore chaude et mélangez. Répartissez la pannacota dans des moules individuels ou dans des bacs à glaçons. Placez au congélateur pendant 1 heure.

Dans des cuillères bien creuses, répartissez la salade de fruits et disposez une boule de panna cotta dessus.

Servez aussitôt.

Cœur de fruit chocolat abricot

Pour environ 12 cuillères

Préparation : 10 minutes

Cuisson : 30 minutes

Ustensiles à prévoir : caissettes en papier jetable

- 400 g de pâte d'amandes 50 %
- 6 pâtes de fruits à l'abricot
- 2 œufs entiers + 4 jaunes
- 50 g de noix de coco râpée
- 2 cuillerées à soupe de cacao en poudre
- 3 cuillerées à soupe de Grand Marnier
- 150 g de beurre
- 1 pincée de sel

Préchauffez le four à 180 °C (th. 6).

Coupez 3 pâtes de fruits en 4. Placez les 3 autres pâtes de fruits au four micro-ondes pour les faire fondre.

Faites macérer la noix de coco dans le Grand Marnier pendant 5 minutes.

Incorporez dans la pâte d'amandes les jaunes d'œuf un à un. Salez. Lorsque le mélange est homogène, ajoutez les œufs entiers, le cacao et la noix de coco. Mélangez sans faire mousser. Versez le beurre fondu chaud. Fouettez le mélange. Remplissez la pâte au $^{3}/_{4}$ dans les caissettes en papier.

Déposez un carré de pâte de fruits au centre des moules. Enfournez pendant 10 à 12 minutes puis laissez refroidir. Retirez les gâteaux des moules en papier avant de les dresser dans les cuillères.

Au moment de servir, nappez les cœurs de fruits de pâte de fruits fondue.

Vous pouvez remplacer les morceaux de pâte de fruits par des zestes d'orange ou de citron confit hachés très fin.

Vous pouvez utiliser des minis moules à savarin à la place des caissettes en papier. Au moment du dressage dans les cuillères, versez la pâte de fruits fondue au milieu.

Mousse coco

Préparation : 15 minutes

Réfrigération : 2 heures

Cuisson : 1 heure

Ustensiles spéciaux à prévoir : feuille de silpat ou plaque antiadhésive éventuellement un moule à manqué

La mousse

80 g de lait de coco

3 jaunes d'œuf

30 g de sucre

2 feuilles de gélatine

25 cl de crème fouettée

25 cl de lait

La gelée

2 feuilles de gélatine

1 ananas

130 g de sucre

Trempez les feuilles de gélatine dans un peu d'eau froide pendant 10 minutes pour les ramollir.

Faites bouillir le lait avec le lait de coco. Fouettez les jaunes d'œuf avec le sucre. Versez un peu de lait dessus et mélangez. Reversez le tout dans la casserole. Faites cuire à feu doux en mélangeant jusqu'à ce que la crème nappe la cuillère. Versez la crème dans un saladier et ajoutez les feuilles de gélatine essorées. Laissez refroidir. Fouettez la crème bien froide en chantilly. Incorporez-la délicatement à la crème de coco refroidie mais non prise. Versez la mousse coco dans un saladier et réservez au réfrigérateur pendant 1 heure, ou versez-la directement dans les cuillères et réservez au réfrigérateur 30 minutes.

Préparez la gelée et les croustilles d'ananas : préchauffez votre four à 90 °C (th. 3). Trempez 2 feuilles de gélatine dans un peu d'eau froide pendant 10 minutes pour les ramollir. Épluchez 1 ananas. Coupez 6 tranches très fines et le reste en petits dés (environ 250 grammes). Dans une casserole faites bouillir 1 verre d'eau et 100 grammes de sucre. Retirez du feu et pochez les tranches d'ananas 5 minutes environ. Égouttez-les et posez-les sur une plaque antiadhésive. Enfournez pendant 1 heure. Retournez-les à mi-cuisson afin de les faire sécher. Dans une casserole, faites cuire sur feu vif les dés d'ananas avec 30 grammes de sucre et 1 cuillerée à soupe d'eau pendant 10 minutes. Passez au mixeur, ajoutez les feuilles de gélatine essorées et mélangez bien. Versez la préparation dans un bol et réservez 2 heures au réfrigérateur.

Posez un morceau de gelée d'ananas dans chaque cuillère de mousse coco. Décorez avec les croustilles d'ananas.

Brownies

Pour 12 à 16 brownies

Préparation : 30 minutes

Cuisson : 25-30 minutes

Ustensile spécial à prévoir : un moule à manqué rectangulaire

- 100 g de chocolat noir à 70 % de cacao
- 60 g de cerneaux de noix (ou de noix de pécan)
- 25 g de farine
- 75 g de beurre mou + un peu pour le moule
- 80 g de sucre semoule
- 2 œufs

Préchauffez le four à 180 °C (th. 6). Beurrez le moule.

Concassez le chocolat en petits morceaux puis faites-le fondre au bain-marie sur feu doux. Hachez les cerneaux de noix. Tamisez la farine. Dans un saladier, fouettez le beurre mou avec le sucre jusqu'à ce que la préparation blanchisse. Ajoutez les œufs un par un en mélangeant soigneusement. Incorporez ensuite la farine tamisée, le chocolat fondu et les noix.

Versez la préparation dans le moule (elle doit atteindre 3 centimètres d'épaisseur), lissez la surface avec une spatule en caoutchouc et laissez cuire de 25 à 30 minutes au four.

Laissez le gâteau tiédir légèrement dans le moule et découpez-le en carrés réguliers. Dégustez tiède ou froid.

Brownies au chocolat blanc

Pour 12 brownies

Préparation : 30 minutes

Cuisson : 30 minutes

Ustensile spécial à prévoir : un moule à manqué rectangulaire

- 200 g de chocolat blanc
- 75 g de beurre + un peu pour le moule
- 50 g de noix de pécan
- 50 g de fruits confits
- 90 g de farine
- 160 g de sucre
- 2 œufs

Préchauffez le four à 180 °C (th. 6). Beurrez le moule.

Concassez le chocolat blanc en petits morceaux puis faites-le fondre au bain-marie avec le beurre sur feu doux.

Hachez les noix de pécan et les fruits confits. Tamisez la farine.

Mélangez le sucre, la farine, les noix et les fruits confits. Battez les œufs, ajoutez-les au mélange chocolat-beurre, puis ajoutez les ingrédients secs sans cesser de battre.

Versez la pâte dans le moule, lissez la surface avec une spatule en caoutchouc et laissez cuire 30 minutes au four. Laissez refroidir dans le moule avant de découper en carrés.

Le plateau digeo' (guimauve, nougat, truffe passion choc)

Pour environ 36 cuillères (soit 12 de chaque)

Préparation : 30 minutes

Repos : 24 heures

Cuisson : 30 minutes

Ustensiles à prévoir : batteur avec fouet et feuille thermomètre à sucre

La guimauve

- 3 blancs d'œuf
- 4 feuilles de gélatine
- 3 cuillerées à soupe de sirop de menthe glaciale (ou le parfum de votre choix)
- 250 g de sucre semoule
- 20 g de glucose (en pharmacie)
- 250 g de sucre glace

Préparez les guimauves

Faites ramollir les feuilles de gélatine dans de l'eau froide. Chauffez le sucre semoule avec le glucose et 10 centilitres d'eau dans une casserole. Laissez cuire jusqu'à 130 °C. Il faut compter 10 minutes. Pendant ce temps, montez les blancs d'œuf dans le bol d'un batteur électrique et ajoutez le sirop de menthe. Retirez la casserole du feu et versez le sucre en filet dans les blancs montés tout en continuant à fouetter. Ajoutez les feuilles de gélatine essorées. Continuez à fouetter la pâte de guimauve ainsi obtenue jusqu'à ce qu'elle soit froide. Comptez 10 minutes. Tapissez généreusement un moule à tarte de sucre glace, versez la pâte de guimauve dans le moule et laissez-la reposer 12 heures à température ambiante. Démoulez. Saupoudrez à nouveau le plat de sucre glace. Retournez la pâte et faites sécher l'autre face dans le plat 12 heures encore. Détaillez la guimauve en petits cubes.

Vous pouvez tremper les guimauves dans un chocolat fondu.

Préparez le nougat

- Préchauffez le four à 180 °C (th. 6).

- Disposez les fruits secs sur une plaque à pâtisserie et enfournez pendant 5 minutes. Dans une casserole, portez à 150 °C, 25 centilitres d'eau, le sucre cristallisé et le glucose afin d'obtenir un sirop. Dans une autre casserole, faites chauffer le miel à 130 °C. Lorsque la température du sucre atteint 100 °C, montez les blancs en neige avec le sucre semoule dans la cuve du batteur. Lorsque les blancs sont montés, ajoutez aussitôt le miel puis le sirop sans arrêter le batteur. Continuez à fouetter pendant 10 minutes environ. Retirez le fouet et remplacez-le par la feuille. Continuez de mélanger à petite vitesse pendant 5 à 6 minutes. Incorporez les fruits secs et mélangez 1 minute.

- Posez 1 feuille d'azyme sur le plan de travail. Déposez dessus la pâte à nougat et recouvrez de la deuxième feuille d'azyme.

- À l'aide d'un rouleau à pâtisserie étalez le nougat afin d'obtenir une épaisseur désirée et régulière. Laissez sécher 1 nuit environ. Découpez le nougat suivant la taille souhaitée.

Préparez les truffes

- Faites fondre, au micro-ondes, le chocolat coupé en petits morceaux. Coupez les fruits de la passion en 2 et récupérez le jus et la pulpe. Dans une casserole, faites bouillir la crème. Ajoutez en 2 fois le chocolat fondu. Incorporez le beurre et la pulpe des fruits. Coulez la ganache au chocolat dans un moule tapissé de papier sulfurisé. Placez au réfrigérateur 3 heures. Démoulez, détaillez des petits rectangles et passez-les au sucre glace.

- Déposez une truffe, une guimauve et un nougat par cuillère.

Le nougat

2 feuilles de pain azyme
250 g de noisettes grillées
350 g d'amandes grillées
120 g de pistaches grillées
100 g de blancs d'œuf
500 g de miel
830 g de sucre cristallisé
180 g de glucose (en pharmacie)
40 g de sucre semoule

Les truffes

8 fruits de la passion
300 g de chocolat au lait
10 g de sucre glace
15 cl de crème liquide
30 g de beurre

Melon à la menthe cristallisée et fagotins d'amandes

Pour environ 12 cuillères
Préparation : 20 minutes
Repos : 1 heure
Cuisson : 30 minutes

Le melon

- 2 melons
- 50 g de gingembre frais
- 1 gousse de vanille
- 2 étoiles de badiane
- 1 clou de girofle
- 2 éclats de cannelle
- 1/2 cuillerée à café de poivres de couleur
- 16 feuilles de menthe
- 1 blanc d'œuf
- 60 g de sucre semoule

Les fagotins d'amandes

- 15 feuilles de menthe fraîche ciselées
- 2 œufs entiers
- 70 g d'amandes en poudre
- 40 g de farine
- 60 g de sucre glace
- 60 g de beurre doux mou

Préparez la menthe cristallisée. Trempez les feuilles de menthe dans le blanc d'œuf, puis dans le sucre. Disposez-les sur une grille et laissez sécher. Pelez le gingembre et coupez-le en fins bâtonnets. Fendez la vanille dans la longueur. Mettez le sucre et 30 centilitres d'eau dans une casserole. Portez à ébullition puis ajoutez toutes les épices et laissez frémir 5 minutes.

Pendant ce temps, rincez les melons. Coupez-les en 2, ôtez les graines, pelez-les et détaillez-les en petits morceaux. Disposez les morceaux de melon dans le sirop et faites pocher à feu très doux 3 minutes. Retirez-les à l'aide d'une écumoire et déposez-les dans un plat. Faites réduire le sirop de cuisson jusqu'à ce qu'il nappe la cuillère en bois, puis versez-le sur les morceaux de melon. Laissez refroidir et réservez au réfrigérateur.

Préchauffez le four à 180 °C (th. 6).

Préparez les fagotins. Faites blanchir le beurre avec le sucre glace. Dès que la texture est blanchie et mousseuse, versez la farine, la poudre d'amande et les œufs. Ajoutez ensuite la menthe. Dressez la pâte en petits bâtonnets sur une plaque antiadhésive et enfournez 10 minutes environ jusqu'à ce qu'elle soit bien dorée. Laissez tiédir et conservez au sec.

Au moment de servir, répartissez la salade de melon dans les cuillères. Décorez avec 1 fagotin d'amandes et des feuilles de menthe cristallisées.

Mille-feuilles mousse

Pour environ 12 cuillères

Préparation : 15 minutes

Repos : 30 minutes

Cuisson : 15 minutes

1 rouleau de pâte feuilletée

1 pomme

1 pamplemousse

1 orange

6 jaunes d'œuf

1 gousse de vanille

1 cuillerée à soupe de Maïzena

2 cuillerées à soupe de farine

60 g de sucre semoule

50 cl de lait

20 cl de crème fraîche liquide bien froide

20 g de beurre

Préchauffez le four à 180 °C (th. 6).

Épluchez la pomme et coupez-la en petits bâtonnets. Pelez à vif le pamplemousse et l'orange. Prélevez les quartiers sans les membranes et coupez-les en 2. Mélangez-les avec la pomme et réservez. Découpez la pâte feuilletée en forme de cuillère. Diluez un jaune d'œuf avec un peu d'eau et à l'aide d'un pinceau, badigeonnez les cuillères en pâte feuilletée. Faites-les cuire pendant environ 10 minutes. Une fois les cuillères de pâte cuites et refroidies, coupez-les en 2 dans l'épaisseur.

Préparez la mousse. Fendez la gousse de vanille en 2 et grattez les graines dans le lait. Ajoutez la gousse de vanille et faites chauffer ce lait vanillé à feu doux jusqu'à frémissement. Couvrez et laissez infuser la gousse dans le lait hors du feu pendant 15 minutes.

Dans un saladier, fouettez le sucre et les jaunes d'œuf jusqu'à ce que le mélange blanchisse. Incorporez petit à petit la farine et la Maïzena sans cesser de battre. Retirez la gousse du lait et versez le lait en un mince filet dans le saladier en battant énergiquement pour obtenir un mélange homogène. Reversez le tout dans la casserole. Portez à ébullition à feu moyen en mélangeant régulièrement puis laissez cuire sur feu doux pendant 3 minutes. Retirez du feu, incorporez le beurre et mélangez vivement pendant 3 minutes. Laissez refroidir. Fouettez au batteur électrique la crème fraîche jusqu'à obtention d'une chantilly et mélangez-la délicatement à la crème pâtissière refroidie. Réservez au réfrigérateur 30 minutes.

Déposez sur une moitié de cuillère un peu de mousse, un peu de mélange de fruits, et refermez avec l'autre moitié de cuillère. Servez aussitôt.

Vous pouvez remplacer la crème par du fromage blanc mélangé à du mascarpone, du sucre et de la vanille.

Gratin de fruits (poires et bière)

Pour environ 12 cuillères

Préparation : 10 minutes

Repos : 1 heure

Cuisson : 5 minutes

2 poires williams (pas trop mûres)

3 jaunes d'œuf

1 cuillerée à soupe de miel

50 g de sucre semoule

3 cuillerées à soupe de bière

5 cl de crème liquide

20 g de beurre

Épluchez et coupez les poires en morceaux.

Dans une poêle antiadhésive, faites fondre le beurre avec le miel. Ajoutez les quartiers de poire et faites-les colorer légèrement (ils doivent être fondants). Débarrassez-les sur une assiette.

Préparez le sabayon. Fouettez énergiquement la crème liquide bien froide en chantilly. Dans un saladier mélangez au fouet les jaunes d'œuf avec la bière et 1 cuillerée à soupe d'eau. Incorporez ensuite le sucre semoule. Placez le saladier dans un bain-marie frémissant. Cuisez le sabayon en le fouettant sans cesse, jusqu'à épaississement. Retirez le saladier du bain-marie et continuez de fouetter le sabayon jusqu'à complet refroidissement. Incorporez ensuite 1 cuillerée à soupe de bière et la crème fouettée délicatement.

Préchauffez le four en fonction gril.

Répartissez les morceaux de poire dans les cuillères et nappez de sabayon. Disposez les cuillères sur une plaque de cuisson. Enfournez à mi-hauteur et laissez légèrement dorer 1 minute.

Servez les cuillères chaudes. Attention : à la sortie du four, les cuillères sont brûlantes !

Biscuits à la banane

- Préchauffez le four à 180 °C (th. 6). Coupez les bananes en petits morceaux.

- Mélangez la farine, le sel et ajoutez la crème épaisse.

- Dans un saladier, fouettez les œufs avec le sucre semoule. Ajoutez ce mélange à la farine. Incorporez le beurre fondu et les bananes en morceaux. Râpez un peu de muscade sur le tout.

- Beurrez les moules, versez-y la pâte aux 2/3 de la hauteur et faites cuire environ 15-20 minutes au four. Laissez tiédir.

- Préparez la sauce au chocolat : dans une casserole, faites bouillir l'eau et le sucre, et dans une autre casserole la crème. Ajoutez le cacao au sirop bouillant ainsi que la crème. Mélangez.

- Servez les biscuits accompagnés de la sauce chocolat.

Pour 15 à 20 biscuits

Préparation : 35 minutes

Cuisson : 15-20 minutes

Ustensiles spéciaux à prévoir : des petits moules à cake ou à financier.

Les biscuits

120 g de farine à gateaux avec levure incorporée

1 pincée de sel

60 g de crème fraîche épaisse

2 œufs

140 g de sucre semoule

40 g de beurre fondu froid + un peu pour les moules

2 bananes

noix de muscade râpée

La sauce chocolat

20 cl d'eau

200 g de sucre

15 cl de crème liquide

30 g de poudre de cacao

Crème brûlée au pain d'épices et dattes citronnées

Pour environ 12 cuillères

Préparation : 10 minutes

Repos : 1 heure

Cuisson : 30 minutes

La crème brûlée

- 3 tranches de pain d'épices (soit 100 g)
- 3 jaunes d'œuf
- Le zeste de 1 orange
- 1/2 bâton de vanille
- 1 bâton de 10 cm de cannelle
- 40 g de sucre
- 15 cl de lait entier
- 15 cl de crème liquide

Les dattes au citron

- 100 g de dattes séchées
- 2 citrons jaunes
- 2 cuillerées à soupe de sucre semoule

Préchauffez le four à 120 °C (th. 4).

Préparez la crème brûlée. Faites bouillir le lait et la crème. Retirez du feu et faites infuser la cannelle, le zeste d'orange et le bâton de vanille coupé en 2 environ 30 minutes. Coupez le pain d'épices en petits cubes. Mélangez le sucre et les jaunes. Retirez le zeste d'orange, la vanille et la cannelle. Versez le lait et la crème parfumée sur le mélange jaunes d'œuf et sucre. Mélangez bien. Versez la crème dans les cuillères, ajoutez les cubes de pain d'épices. Enfournez à four ventilé pour environ 15 minutes.

Laissez refroidir et réservez au réfrigérateur.

Préparez les dattes au citron. Prélevez le jus et les zestes des citrons. Portez à ébullition 15 centilitres d'eau avec le sucre, le jus et les zestes des citrons. Retirez du feu et ajoutez les dattes coupées en 2 et dénoyautées. Laissez pocher 15 minutes environ. Égouttez les dattes et les zestes.

Au moment de servir, sortez les cuillères du réfrigérateur et déposez dessus 1/2 datte. Décorez de quelques zestes de citron. Servez frais.

Semoule vanillée baba exotique

Préchauffez le four à 180 °C (th. 6).

Pour environ 12 cuillères

Préparation : 10 minutes

Repos : 1 heure

Cuisson : 30 minutes

Ustensiles à prévoir :
moules en silicone individuels
ou caissettes en papier
pour baba
batteur avec crochet pétrisseur

Le baba

3 œufs

250 g de farine

10 g de levure de boulanger

10 g de sucre glace

70 g de beurre ramolli

1 pincée de fleur de sel

Le sirop

1 lanière de zeste de citron

1 lanière de zeste d'orange

1 gousse de vanille Bourbon

200 g de cassonade

La semoule

1 gousse de vanille

Le zeste de 1 citron

120 g de semoule fine

50 g de sucre semoule

1 litre de lait

10 g de beurre

Préparez les babas. Beurrez des moules individuels ou des caissettes de papier pour baba. Délayez la levure dans 10 centilitres d'eau tiède. Laissez gonfler 10 minutes. Pendant ce temps, versez la farine dans le bol d'un robot muni du crochet pétrisseur ou dans un saladier si vous employez un batteur à main. Ajoutez le sel, le sucre glace et la levure délayée. Pétrissez 1 minute à petite vitesse. Incorporez les œufs un par un, puis pétrissez 5 minutes à grande vitesse. Ajoutez le beurre, puis pétrissez 2 minutes. Versez la pâte dans les moules. Laissez reposer 30 minutes environ à température ambiante, ou jusqu'à ce que la pâte ait doublé de volume. Faites cuire les babas 20 minutes au four, jusqu'à ce qu'ils prennent une belle couleur blonde. Laissez refroidir. Vous pouvez même laisser les babas rassir 24 heures afin de mieux les imbiber.

Préparez le sirop. Fendez la gousse de vanille sur toute sa longueur et grattez les graines dans 50 centilitres d'eau. Ajoutez la gousse, la cassonade et les zestes. Portez à ébullition. Laissez infuser et quand le liquide atteint 60 °C (vous devez pouvoir y mettre le doigt sans vous brûler), trempez-y les babas. Laissez-les s'imbiber et égouttez-les. Vous pouvez arroser les babas d'un trait de rhum.

Préparez la semoule. Fendez la gousse de vanille sur toute sa longueur et grattez les graines dans le lait. Ajoutez le zeste de citron et portez à ébullition ce lait vanillé à feu vif. Baissez le feu et laissez infuser pendant 15 minutes. Hors du feu versez la semoule en pluie. Mélangez et laissez cuire pendant 5 minutes environ. Retirez la casserole du feu et ajoutez le beurre en petits morceaux le sucre, puis mélangez à nouveau. Laissez tiédir.

Répartissez la semoule dans les cuillères. Déposez 1 baba dessus et arrosez de sirop. Servez frais.

Vous pouvez agrémenter ces cuillères de dés d'ananas et utiliser des bâtons de vanille pour la décoration.

Macarons d'Amiens

Pour 20 macarons

Préparation : 30 minutes

Repos : 1 heure

Cuisson : 15 minutes

Ustensiles spéciaux à prévoir : des petits cercles ou des petits moules à tartelettes antiadhésifs

- 200 g d'amandes en poudre
- 250 g de sucre
- 50 g de miel
- quelques gouttes d'extrait de vanille liquide
- 2 blancs d'œufs
- 1 cuillerée à soupe de gelée d'abricot ou de pomme
- un peu de beurre pour les moules ou les cercles

Dans un saladier, réunissez les amandes, le sucre, le miel et la vanille. Mélangez le tout en ajoutant petit à petit les blancs d'œufs. Le mélange doit avoir la consistance de la pâte d'amandes.

Pour terminer, ajoutez la gelée d'abricot ou de pomme. Couvrez la pâte de film étirable et laissez-la reposer 1 heure au réfrigérateur.

Ce temps écoulé, préchauffez le four à 160 °C (th. 5-6). Beurrez les moules ou les cercles, posez-les sur une plaque recouverte de papier sulfurisé beurré (ou une plaque antiadhésive), remplissez-les de pâte à l'aide d'une cuillère, et faites cuire 15 minutes au four, ou jusqu'à ce qu'ils prennent une belle coloration blonde.

Laissez refroidir les macarons et enveloppez-les individuellement dans une petite feuille d'aluminium pour les conserver moelleux.

Pour cette recette, il est conseillé d'utiliser des moules antiadhésifs. Sinon, faites cuire la pâte dans un moule à gênois et façonnez les macarons à la sortie du four.

Diamants vanille

Pour 6 personnes

Préparation : 35 minutes en tout

Repos : 12 heures

Cuisson : 6-8 minutes

1 gousse de vanille

150 g de beurre doux mou

50 g de beurre demi-sel mou

80 g de sucre glace

1 jaune d'œuf
+ 1 autre pour la dorure

220 g de farine

sucre cristal

confiture de framboises (facultatif)

◎ Fendez la gousse de vanille et, à l'aide de la pointe d'un couteau, raclez l'intérieur afin de prélever les graines et la pulpe. Ajoutez-les au beurre dans un saladier.

◎ À l'aide d'un batteur, mélangez les 2 beurres, la vanille, le sucre glace et le jaune d'œuf jusqu'à ce que le mélange devienne crémeux et prenne du volume. Incorporez la farine, puis façonnez cette pâte en boudins de 2,5 centimètres de diamètre. Enveloppez-les de film étirable et laissez-les reposer 12 heures au réfrigérateur. Si vous le souhaitez, vous pouvez congeler les boudins jusqu'au moment de vous en servir.

◎ Le lendemain, préchauffez le four à 180 °C (th. 6). Battez le jaune d'œuf avec un peu d'eau et, au pinceau, dorez chaque boudin sur toute sa surface. Roulez les boudins dans le sucre cristal, puis détaillez-les en tranches de 1,5 centimètres d'épaisseur. Déposez les diamants sur une plaque garnie d'une toile siliconée ou de papier sulfurisé, et faites-les cuire au four pendant 6 à 8 minutes, jusqu'à légère coloration. Une fois les diamants cuits, vous pouvez garnir leur centre de confiture de framboises.

Diamants au chocolat

150 g de beurre doux ramolli

50 g de beurre demi-sel

80 g de sucre glace

1 œuf entier
+ 1 jaune pour la dorure

200 g de farine

25 g de cacao en poudre

1 pincée de poivre blanc

sucre cristal

confiture de framboises (facultatif)

◎ La recette est identique, mais le cacao et le poivre remplacent la vanille. Ces diamants peuvent eux aussi être garnis de confiture de framboises après cuisson. Vous pouvez ajouter à la pâte des pépites de chocolat.

Diamants à l'orange

◎ Mêmes ingrédients et même déroulement que pour la recette précédente ; remplacez seulement la vanille par le zeste de 1 orange finement râpé et un peu de Grand Marnier, ajoutés au beurre. Après le repos de la pâte au réfrigérateur, ajoutez le zeste d'1 autre orange finement râpé au sucre cristal dans lequel vous roulerez les boudins de pâte avant de les détailler et de les cuire.

Sablés au pamplemousse

Pour environ 20 biscuits

Préparation : 40 minutes

Repos : 1 heure

Cuisson : 15 minutes

Ustensiles spéciaux à prévoir :
un emporte-pièce rond
de 4 cm de diamètre
un dé à coudre
une palette

La pâte

- 1 pamplemousse non traité
- 210 g de farine
- 150 g de beurre mou
- 100 g de sucre semoule
- 1 pincée de sel
- 1 jaune d'œuf + 1 autre pour la dorure
- 50 g de sucre en grains (sucre casson)
- 50 g d'amandes

La crème

- le jus du pamplemousse et le reste du zeste
- 60 g de beurre
- 60 g de sucre semoule
- 1 œuf

La garniture

- 1 orange
- 1 pamplemousse

Prélevez le zeste du pamplemousse et râpez-le. Gardez-en la moitié pour la pâte et réservez le reste à couvert. Pressez le pamplemousse et réservez le jus.

Travaillez la farine avec le zeste de pamplemousse, le beurre, le sucre semoule, 1 pincée de sel et 1 jaune d'œuf, jusqu'à obtention d'une pâte homogène. Enveloppez-la de film étirable et laissez-la reposer 1 heure au réfrigérateur.

Préparez la garniture : pelez à vif l'orange et le pamplemousse avec un couteau tranchant. Avec la lame du couteau, prélevez les suprêmes*. Réservez-les au frais.

Pour obtenir la crème, versez le jus de pamplemousse dans une casserole placée au bain-marie sur de l'eau frémissante gardée sur feu très doux. Ajoutez le beurre, le sucre et le reste du zeste de pamplemousse réservé. Mélangez bien. Battez l'œuf avec 1 cuillerée à soupe d'eau. Incorporez-le à la préparation. Battez le tout au fouet en une crème onctueuse et réservez celle-ci au réfrigérateur.

Préchauffez le four à 160 °C (th. 5-6). Garnissez une plaque de papier sulfurisé.
Sortez la pâte du réfrigérateur et abaissez-la au rouleau à 5 millimètres d'épaisseur. Découpez-y un nombre pair de disques de 4 centimètres de diamètre. Découpez également le même nombre de formes de votre choix. Déposez tous les disques sur la feuille de papier sulfurisé. Battez le jaune d'œuf restant avec quelques gouttes d'eau et badigeonnez-en tous les disques. Parsemez-les de sucre en grains et d'amandes hachées.

Faites cuire 15 minutes à mi-hauteur du four. Retirez les biscuits de la plaque. Étalez la crème au pamplemousse sur les disques entiers à l'aide d'une palette ; recouvrez ceux-ci de suprêmes de pamplemousse et d'orange. Posez les biscuits restants sur le tout.

**Suprême : quartier d'agrume (orange, pamplemousse, citron...) débarrassé de sa peau transparente et de ses membranes blanches le fruit est « à vif ».*

Étoiles farcies

Pour environ 20 étoiles

Préparation : 35 minutes

Repos : 1 heure

Cuisson : 10 minutes

Ustensiles spéciaux à prévoir :
une roulette crantée
un tamis (petite passoire fine)

La pâte

100 g de beurre mou

50 g de sucre semoule

1 cuillerée à café de sucre vanillé

175 g de farine

1 jaune d'œuf

La farce

100 g de figues sèches finement hachées

50 g de noix hachées

2 cuillerées à café de miel

2 cuillerées à soupe de liqueur d'amande (par exemple d'amaretto)

Réunissez dans un saladier tous les éléments de la pâte, travaillez le tout en pâte ferme à l'aide d'une spatule. Enveloppez de film étirable et réservez 1 heure au frais.

Mélangez les éléments de la farce.

Préchauffez le four à 180 °C (th. 6). Garnissez une plaque de papier sulfurisé.

Placez votre boule de pâte entre deux feuilles de papier sulfurisé et abaissez-la au rouleau à 2 millimètres d'épaisseur. À l'aide d'une roulette crantée, découpez l'abaisse en carrés de 5 centimètres de côté. Répartissez la farce au milieu des carrés. À chaque coin de chaque carré, pratiquez une entaille d'environ 2 centimètres. Rabattez deux coins opposés sur la farce afin d'obtenir des étoiles.

Déposez les étoiles sur la plaque et faites cuire 10 minutes au four. Laissez refroidir sur une grille.

Financiers

Pour 20 financiers

Préparation : 30 minutes

Cuisson : 15-20 minutes

Ustensiles spéciaux à prévoir : 20 petits moules à financier rectangulaires, ou 1 plaque alvéolée en silicone pour 20 financiers

120 g de beurre + un peu pour les moules

100 g de farine

200 g de cassonade

100 g de poudre d'amandes

1 pincée de sel

4 blancs d'œufs amandes effilées (facultatif)

- Préchauffez le four à 200 °C (th. 6-7) en plaçant la grille dans la partie supérieure de celui-ci. Beurrez les moules ou les plaques à financiers.

- Faites fondre le beurre dans une petite casserole et faites-le chauffer jusqu'à ce qu'il prenne une couleur noisette. Ne le laissez pas cuire davantage. Retirez le beurre du feu, filtrez-le dans une petite passoire fine. Laissez tiédir.

- Versez la farine dans un saladier. Ajoutez la cassonade, la poudre d'amandes et 1 pincée de sel. Mélangez, disposez ces ingrédients en fontaine et versez-y les blancs d'œufs. Incorporez-les en tournant avec une cuillère en bois. Ajoutez ensuite le beurre fondu et mélangez soigneusement.

- Remplissez les moules de pâte aux 3/4 de la hauteur. Recouvrez éventuellement de quelques amandes effilées. Faites cuire de 15 à 20 minutes au four, démoulez les financiers et laissez-les refroidir sur une grille.

Sablés Linzer

Dans une casserole, faites fondre le beurre jusqu'à ce qu'il prenne une couleur noisette. Laissez tiédir.

Mélangez le sucre semoule, le sucre vanillé, les amandes, la farine, le sel, le cacao, la cannelle et la poudre de girofle.

Incorporez l'œuf, le beurre noisette et le kirsch au mélange précédent. Travaillez bien le tout jusqu'à l'obtention d'une pâte lisse et homogène. Couvrez et laissez reposer 1 heure au réfrigérateur.

Préchauffez le four à 180 °C (th. 6).

Beurrez un moule à tarte à fond amovible de 24 centimètres de diamètre. Divisez la pâte en deux pâtons selon la proportion $^2/_3$ - $^1/_3$. Abaissez au rouleau le plus gros pâton. Garnissez-en l'intérieur du moule.

Battez le jaune d'œuf avec quelques gouttes d'eau pour obtenir une dorure.

Abaissez le second pâton et découpez-y de fines bandes. Étalez la confiture de framboises sur le fond de tarte. Disposez-y les bandes de pâte en croisillons. Badigeonnez-les de dorure. Faites cuire à mi-hauteur du four pendant 45 minutes.

Laissez la tarte tiédir dans le moule, puis démoulez-la sur une grille et laissez-la complètement refroidir avant de la découper en petits morceaux.

Pour 12 personnes

Préparation : 30 minutes

Repos : 1 heure

Cuisson : 45 minutes

250 g de beurre + un peu pour le moule

200 g de sucre semoule

1 sachet de sucre vanillé

250 g d'amandes en poudre

200 g de farine

1 pincée de sel

1 cuillerée à café de cacao en poudre

1 cuillerée à café de cannelle en poudre

1 pointe de couteau de poudre de clou de girofle

1 œuf entier + 1 jaune pour la dorure

4 cuillerées à café de kirsch

300 g de confiture de framboises

Moelleux coco-passion

Pour 6 à 8 personnes

Préparation : 35 minutes

Cuisson : 25-30 minutes

Ustensiles spéciaux à prévoir : un moule à manqué ou des petites caissettes individuelles.

5 œufs

5 fruits de la passion

200 g de beurre + un peu pour le moule

200 g de sucre

1 pincée de quatre-épices en poudre

70 g de farine à gâteaux avec levure incorporée

1 petite brique (20 cl) de crème double (épaisse)

20 cl de lait de coco

Préchauffez le four à 200 °C (th. 6-7). Beurrez un moule à manqué. Séparez les blancs des jaunes d'œufs. Ouvrez les fruits de la passion en 2 et recueillez-en la pulpe et les graines.

Faites fondre le beurre dans une casserole en lui donnant une couleur noisette. Filtrez-le à travers une petite passoire.

Dans un saladier, battez les blancs d'œufs en ajoutant le sucre petit à petit pour les « serrer » (les monter en neige très ferme).

Dans un autre saladier, mélangez les jaunes d'œufs, le quatre-épices, la farine, le beurre noisette, la crème double et le lait de coco. Ajoutez à ce mélange les blancs d'œufs montés.

Versez la moitié de la pâte dans le moule. Parsemez toute la surface de graines et de pulpe de passion. Ajoutez le reste de pâte. Faites cuire de 25 à 30 minutes au four. Dégustez tiède ou froid.

Fraîcheur de citron

Pour 6 personnes
6 verres de table

Préparation : 30 minutes

Repos : 3 heures

La mousse de fromage blanc

150 g de fromage blanc

15 cl de crème fraîche liquide

Le jus de 1 citron

2 jaunes d'œufs

1 feuille de gélatine

50 g de sucre semoule

La gelée de citron

Le jus de 5 citrons

10 cl d'eau

2 feuilles de gélatine

50 g de sucre semoule

La brisure de biscuit

15 sablés au beurre

2 cuillerées à soupe de beurre fondu

2 cuillerées à soupe de sucre cassonade

Préparez la brisure de biscuit. Émiettez les sablés et mélangez-les au beurre fondu et au sucre cassonade. Déposez 1 couche de brisure au fond de chaque verre. Réservez.

Préparez la mousse de fromage blanc. Trempez la feuille de gélatine dans un peu d'eau froide pendant 10 minutes pour la ramollir. Fouettez les jaunes d'œufs et le sucre dans un grand saladier jusqu'à ce que le mélange blanchisse. Réservez. Fouettez la crème fraîche liquide jusqu'à obtention d'une consistance de chantilly. Réservez. Faites chauffer le jus de citron et incorporez-y, hors du feu, la gélatine égouttée et essorée. Laissez tiédir sans cesser de remuez et mélangez cette gelée de citron, le fromage blanc, la crème fraîche montée et la préparation à base de jaunes et de sucre. Versez la mousse sur la brisure de biscuit au 2/3 des verres. Réservez au réfrigérateur pendant 2 heures.

Au bout des 2 heures, préparez la gelée de citron. Trempez les feuilles de gélatine dans un peu d'eau froide pendant 10 minutes pour les ramollir. Portez l'eau, le sucre et le jus de citron à ébullition. Mélangez la gélatine égouttée et essorée à ce sirop chaud. Laissez tiédir en mélangeant très régulièrement. Versez la gelée sur la mousse dans chaque verre. Placez à nouveau les verres 1 heure au réfrigérateur avant de servir.

Vous pouvez ajouter des zestes de citrons confits à la mousse de fromage blanc ou réaliser de la même façon des fraîcheurs d'orange.

Tiramisù aux framboises

Pour 6 personnes
6 verres à whisky

Préparation : 1 heure
+ 2 heures de repos

Le biscuit

4 œufs

100 g de farine

30 g de beurre fondu

100 g de sucre semoule

La crème

5 œufs

300 g de mascarpone

150 g de sucre semoule

Le coulis et la décoration

750 g de framboises
(3 barquettes)

le jus de 1/2 citron

50 g de sucre semoule

Préparez le biscuit. Séparez les blancs d'œufs des jaunes. Sortez la plaque du four et préchauffez-le à 180 °C (th. 6). Fouettez le sucre avec les jaunes jusqu'à ce que le mélange blanchisse, puis ajoutez la farine tamisée. Mélangez. Montez les blancs légèrement sucrés. Mélangez les jaunes battus avec les blancs en neige et le beurre. Recouvrez la plaque du four d'une feuille de papier sulfurisé et étalez délicatement la préparation sur une hauteur de 1 centimètres environ. Laissez cuire au four pendant 7 minutes, puis retirez la feuille du biscuit. Servez-vous de l'un des verres de service comme d'un emporte-pièce et formez des ronds de biscuit.

Préparez le coulis. Lavez les framboises, égouttez-les sur du papier absorbant et versez-les dans un saladier. Saupoudrez-les de sucre et arrosez-les du jus de citron. Réservez-en 500 grammes. Passez le reste au mixeur. Au fond de chaque verre, disposez 1 morceau de biscuit, nappez d'un peu de coulis de framboises, puis réservez les verres au réfrigérateur pendant 10 minutes.

Pendant ce temps, préparez la crème au mascarpone. Séparez les blancs d'œufs des jaunes. Fouettez les jaunes avec le sucre jusqu'à ce que le mélange blanchisse. Ajoutez le mascarpone et mélangez bien. Montez les blancs d'œufs et incorporez-les délicatement à la préparation. Recouvrez les biscuits imbibés d'une couche de crème au mascarpone puis d' 1 couche de framboises entières. Disposez par-dessus 1 autre morceau de biscuit et renouvelez l'opération. Recouvrez de framboises. Réservez les verres 2 heures au réfrigérateur avant de servir.

Si vous préférez la recette classique du tiramisù, remplacez le coulis de framboises par du café fort et sucré, parfumé à l'amaretto (3 cuillerées à soupe pour 1 litre de café), et saupoudrez de cacao.

Crumble des beaux jours

Pour 6 personnes
6 verres de table

Préparation : 30 minutes

200 g de framboises

200 g de groseilles

200 g de fraises

6 boules de glace à la vanille

300 g de farine

120 g de beurre

250 g de sucre cassonade

Préchauffez votre four à 180 °C (th. 6). Mélangez le beurre coupé en morceaux, 100 grammes de sucre et la farine, et travaillez le tout du bout des doigts jusqu'à obtention d'une consistance sableuse. Lavez les fruits, équeutez-les et mélangez-les avec le reste de sucre dans un saladier.

Si vos verres supportent la chaleur du four, répartissez les fruits au fond de chacun d'eux ; sinon, déposez-les dans un plat à gratin, vous les répartirez dans les verres au dernier moment. Émiettez grossièrement la pâte à crumble sur les fruits. Faites cuire pendant 20 minutes environ, il faut que la pâte soit bien dorée. Servez les verres recouverts d'une boule de glace à la vanille.

Vous pouvez réaliser la pâte en remplaçant la farine par 15 spéculos émiettés et en les mélangeant au beurre et à la cassonade.

Quelques recettes en plus

Les pâtes
Pour 250 g de pâte environ

Pâte à tacos

150 g de farine de maïs pour tortillas (masa harina)
100 g de farine de blé
sel

Versez les 2 farines dans un grand saladier. Creusez un puits et ajoutez progressivement 25 centilitres d'eau et 1 pincée de sel. Mélangez et pétrissez pendant 3 minutes environ. Vous devez obtenir une pâte lisse et homogène. Sur le plan de travail fariné, divisez la pâte en 3 morceaux et divisez à nouveau ces morceaux en 4 boulettes. À l'aide d'un rouleau, étalez les boulettes en fins rectangles de 20 centimètres de longueur sur 15 centimètres de largeur environ. Réservez ces feuilles de pâte sous un linge humide jusqu'à ce que vous les utilisiez.

Pâte à pain

250 g de farine
10 g de levure fraîche
sel

Tamisez la farine et 1 pincée de sel dans un saladier.
Délayez la levure dans un peu d'eau tiède et incorporez-la à la farine. Ajoutez 20 centilitres d'eau petit à petit et pétrissez la pâte pendant 15 minutes environ. Recouvrez d'un linge et laissez reposer 1 heure à température ambiante.

Les sauces
Pour 4 personnes environ

Pistou

1 botte de basilic
4 cuillerées à soupe de parmesan râpé
1/2 gousse d'ail
8 cuillerées à soupe d'huile d'olive
sel, poivre du moulin

Ciselez le basilic et écrasez-le dans un mortier (ou mixez-le). Ajoutez l'ail, le parmesan et l'huile petit à petit sans cesser de mélanger. Salez et poivrez légèrement.

Vous pouvez ajouter 30 grammes de pignons pilés à ce mélange.

Sauce aigre-douce

5 tranches d'ananas en boîte et leur jus
1 poivron vert égrainé coupé en petits dés
20 g de Maïzena
1 cuillerée à soupe de sauce soja
3 cuillerées à soupe de vinaigre blanc
30 g de sucre roux en poudre

Coupez l'ananas en petits dés.
Versez le jus d'ananas dans une casserole, ajoutez le sucre, la Maïzena, le vinaigre, la sauce soja et portez à ébullition en remuant. Ajoutez les morceaux d'ananas et les dés de poivron, puis mélangez.

Sauce barbecue

500 g de tomates
1 cuillerée à café de concentré de tomate
1 oignon émincé
2 gousses d'ail écrasées
1/2 cuillerée à café de piment de Cayenne
1 cuillerée à soupe d'huile d'olive

Épépinez les tomates et coupez-les en petits dés. Faites chauffer l'huile dans une casserole et ajoutez l'oignon, l'ail, les tomates, le concentré de tomate et le piment. Laissez cuire 30 minutes à feu doux en mélangeant.

Sauce rouge épicée

3 tranches d'ananas
1 piment rouge égrainé et émincé
2 tomates pelées, épépinées et taillées en dés
1 oignon finement émincé
1 gousse d'ail émincée
3 tiges de menthe
2 cuillerées à soupe d'huile d'arachide
sel

Faites chauffer l'huile d'arachide et faites-y dorer l'oignon et le piment à feu moyen. Ajoutez l'ail et laissez cuire encore 1 minute à feu doux. Déposez le tout dans le bol d'un mixeur, ajoutez les tranches d'ananas, les dés de tomates, la menthe et 1 pincée de sel. Mixez légèrement afin d'obtenir une purée un peu épaisse.

Si vous désirez une sauce plus épicée, vous pouvez y ajouter un peu de Tabasco.

Sauce au yaourt et au citron

1 yaourt nature
2 pincées de curry en poudre
1 cuillerée à café de gingembre frais haché
2 cuillerées à soupe de coriandre hachée
jus de 1 citron
2 cuillerées à soupe de miel
sel, poivre du moulin

Mélangez tous les ingrédients. Salez, poivrez et servez bien frais.

Sauce soja-citron

4 brins de ciboulette
jus de 1 citron
10 cl de sauce soja
10 cuillerées à soupe de vinaigre de riz
(dans les épiceries asiatiques)
100 g de sucre roux

Ciselez finement la ciboulette. Dans une casserole, versez le vinaigre et ajoutez le sucre. Faites chauffer le mélange à feu doux jusqu'à dissolution complète du sucre. Retirez du feu, ajoutez le jus de citron, la ciboulette et la sauce soja. Mélangez bien.

Chutney aux tomates

400 g de tomates pelées et concassées
2 oignons hachés
2 gousses d'ail hachées
2 clous de girofle
1 pincée de paprika doux en poudre
30 g de vinaigre de vin blanc
20 g de beurre
30 g de sucre semoule

Faites fondre le beurre dans une casserole. Ajoutez l'ail et les oignons et laissez suer 5 à 6 minutes à feu doux. Ajoutez les tomates et laissez cuire 3 minutes. Ajoutez le paprika, les clous de girofle, le vinaigre et le sucre, puis laissez compoter à découvert 30 minutes à feu doux.

Index des ingrédients

Index des cocktails

Achevé d'imprimer en février 2009
sur les presses de Mohn Média, Allemagne.